플랜 비

뜻대로 안 되는 삶에서 발견한 차선의 전략

연평우 지음

플랜비

다산북스

"현실의 벽에 부딪힐 때마다,
플랜 B가 전혀 다른 해법을 찾아낸다."

지치지 않고 끊임없이 도전하는 사람들에게는 어떤 비밀이 숨어 있을까? 이 책에는 결국 해내는 사람의 전략이 담겨 있다. 세계 각국에서 모인 인재들과 경쟁하고 또 성장하며 살아남은 저자의 놀라운 이야기는 읽는 내내 나를 완전히 압도했다. 저자는 계획이 플랜 A밖에 없으면 실패에 쉽게 좌절하지만 플랜 B, 플랜 C를 세우면 또 다른 선택지가 있기에 무너지지 않고, 오히려 뜻밖의 기회를 얻어 더 큰 성취를 얻을 수 있다고 이야기한다. 성공하고 싶지만 실패가 두려운 독자들이라면, 꼭 한 번 읽어보길 권한다. 당신의 삶에 또 하나의 용기를 줄 것이다.

- 주언규(PD, 『슈퍼노멀』 저자)

매번 선택이 두려운 당신에게

나는 역마살을 타고난 사람이다. 어디에도 진득하게 자리 잡지 못하고 이리저리 떠돈다. 이런 삶은 대학생 때부터 시작되었다. 부푼 꿈을 안고 대학에 들어갔건만 학과 수업을 들을수록 처음에 가졌던 포부는 흐려졌다. 친구들은 하나둘 전공과 관계 없이 좀 더 유망해 보이는 직종으로 취업을 고민했다. 나도 마찬가지였다.

공대를 다니면서 아무 연관 없는 직업, 겉보기에 그럴듯해 보이는 금융 전문가, 컨설턴트, 변호사 등의 직업을 기웃거렸다. 공학 공부를 하다 말고 갑자기 회계를 공부했고, 어느 날은 난데없이 변호사 시험을 준비했다. 오로지 다른 사람의 눈을 의식해 멋져 보이는 직업을 좇으며 시작한 공부였다. 당연히 오래가지 못했다. 스스로 동기부여를 못 하니 작은 실패에도 쉽게 무너졌다. '샛길'로 빠졌다가 다시 돌아오기를 반복했다. 도대체 무엇을 하고 싶은 건지 스스로도 혼란스러웠다. 내가 진짜 원하는 길은 보이지 않았다.

그러는 동안 교환학생을 포함해 학부, 석사, 박사, 그리고 박사 후 과정을 마치며 20년간 공부와 일을 병행했다. 역마살에는 국경도 없어서 한국·일본·미국, 3개국에서 다섯 학교를 다녔다. 연구를 계속할 수 있는 대학교수가 되기 위해서였다. 그런 와중에도 세상의 기준에서 볼 때 더 좋은 선택지를 놓치지 않으려 계속해서 두리번거렸다. 무엇 하나 정해진 것 없이 선택지만 늘어나는 상황에 안절부절못할 때도 있었다. 가능성만 품은 채 시간을 허비하며 언제까지나 슈퍼 루키로 남을까 봐 걱정돼서였다.

어느 한 분야에서 일찌감치 자리를 잡아 화려한 성과를

쌓아 올리는 동기들을 보면 문득 불안해졌다. 특히 자신이 원하는 일을 하며 꾸준히 성장하는 사람들을 보면 부러웠다. 나는 왜 내가 원하는 것도 모를까, 이렇게 많은 시간과 을 투자했는데 성과를 내지 못하면 어쩌나, 그동안의 노력이 수포로 돌아가면 어떻게 하나 싶어 두려울 때도 있었다.

그럼에도 새로운 도전을 포기할 순 없었다. 내가 원하는 것과 잘하는 것을 찾으려면 직접 부딪쳐 경험하는 수밖에 없었다. 스스로 수많은 선택지를 만들어 실행하고 실패하고 다시 실행했다. 자기계발서에서 흔히 말하는 확신에 찬 목표는 없었다. 순간순간 마음이 움직이는 대로, 일단 목표를 세운 뒤 실행할 뿐이었다. 수많은 시행착오를 겪은 뒤에야 나는 반복적인 일보다 새로운 것을 탐구하는 데서 즐거움을 느끼는 사람이라는 사실을 알아챘다. 돈보다 귀한 깨달음이었다.

하지만 결과에 굴하지 않고 계속 도전한다는 건 사실 굉장히 힘든 일이다. 그래서 남다른 전략이 필요했다. 나는 모든 계획에 플랜 B를 세우기 시작했다. 계획이 플랜 A, 단

하나밖에 없으면 도전에 실패했을 때 더 쉽게 좌절한다. 다른 돌파구가 없다는 생각 때문이다. 플랜 B, 플랜 C를 세우면 내게 또 다른 선택지가 얼마든지 있다는 것을 알기에 무너지지 않는다. 구체적인 해결책인 동시에, 계획이 틀어져도 얼마든지 새로운 도전을 할 수 있다고 스스로를 응원하는 장치인 셈이다. 오늘의 실패는 플랜 A의 실패일 뿐, 인생의 실패가 아니다.

나는 수없이 실패한 덕분에 서울대를 시작으로 오사카대, 도쿄대, 조지아공대, 스탠퍼드대에서 내로라하는 인재들과 함께 성장했다. 그리고 지금은 LG전자, 삼성전자를 거쳐 애플의 시니어 디자이너로서 실리콘밸리의 인재들과 성장하고 있다. 플랜 B가 없었다면 불가능했을 삶이다. 나의 실패를 부정하지 않고 모든 경험을 데이터로 쌓은 덕분에 계속해 나가는 힘을 기를 수 있었다.

플랜 A가 항상 옳다는 법도 없다. 오히려 현실을 외면한 환상일 가능성이 크다. 나는 플랜 A로 맞닥뜨린 한계를 플랜 B로 극복하면서 이상과 현실의 괴리를 줄여나갔다. 갑자기 마주한 인생의 벽을 돌파하기 위해 고군분투했고 그

과정에서 전에는 상상도 못 한 뜻밖의 기회를 잡았다. 내 인생 최고의 선택은 모두 플랜 B였다.

한 우물을 파는 대신 수많은 선택지를 만들고 플랜 A, B, C를 세우며 살아가는 게 비효율적으로 보일지도 모른다. 멀리 돌아가는 것처럼 보일 수 있다. 하지만 그 많은 선택과 경험을 하면서 알게 되었다. 그게 가장 빠른 길이었다는 걸. 지독한 경험주의자로 사는 건 고달프지만 그만큼 나 자신에 대해 잘 알게 되어 내면이 단단해진다. 그리고 무엇보다, 재미있다.

돌이켜 보건대 선택의 순간마다 결국 나를 움직인 건 수치화할 수 없는 마음이었다. 그럴싸한 목표나 보상도 중요하지만 그게 전부는 아니었다. 남들이 보기에 감탄할 만한 직업을 갖겠다는 인정욕구를 버리고, 마음이 끌리는 대로 실행하고 나서야 삶은 내가 원하는 방향으로 흘러갔다.

삶에서 경계해야 하는 건 잘못된 선택이 아니다. 선택하지 않는 일이다. 선택에는 대단한 이유도 필요 없다. 누군가는 비웃을지 모를 하찮은 이유여도 상관없다. 플랜 A, B,

C를 세워 스스로를 응원하며 그저 마음이 흐르는 대로 선택하니 어느 순간 내가 원하던 자리에 있었다.

일단 선택하면 그 전엔 보이지 않던 것들이 보인다. 잘못된 길이라면 새로운 데이터를 바탕으로 수정하고 또 다른 선택지를 만들면 된다. 내가 공부한 전기공학에서는 이를 피드백 시스템이라고 부른다. 나는 내 경험을 데이터 삼아 판단하고 불확실성을 보완하며 지금도 더 큰 세계를 발견해 나가고 있다. 이런 태도가 내 인생의 가치를 높인다고 믿는다.

도전과 실패를 두려워하는 사람에게, 아무 결정도 내리지 못한 채 갈팡질팡하는 사람에게 하고 싶은 말을 이 책에 담았다. 원하는 일을 찾아 성공할 때까지 이 책이 러닝메이트가 되길 진심으로 바란다.

당신의 모든 플랜 B를 응원하며
실리콘밸리에서
연평우

"실패한 자리에는
   항상 새로운 기회가 있다."

차례

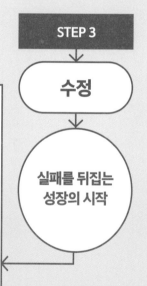

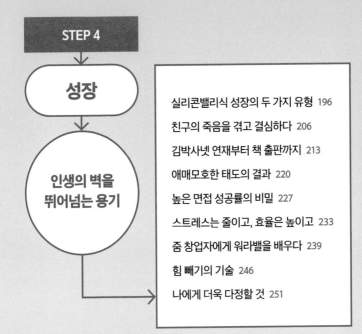

STEP 4

성장

인생의 벽을
뛰어넘는 용기

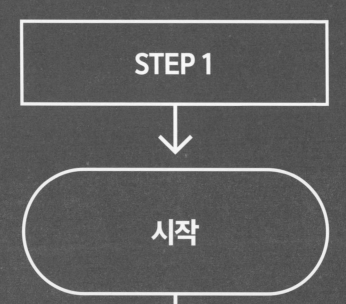

STEP 1

시작

→ 완벽한 선택이
아니어도 좋다

"누구든 시작할 때는 아무것도 모른다.
가장 큰 위험은
아무 위험을 감수하지 않을 때 닥쳐온다."

마크 저커버그
Mark Zuckerberg

- 메타 CEO

변호사 시험 공부하는 공대생

결론만 보면 나는 공대 교수가 되는 정규 코스를 걸어왔다. 공대에서 학부를 마친 뒤 석사, 박사, 박사 후 과정까지 마쳤기 때문이다. 하지만 처음부터 의도한 것은 아니었다. 시도 때도 없이 흔들리며 다른 사람들의 눈에 좋아 보이는 길을 찾아 헤맸다.

대학 때는 전공을 재료공학에서 전기공학으로 바꿨다. 그 와중에 증권사 애널리스트가 되겠다며 공인회계사 시험도 준비했다. 대단한 비전이나 목표가 있었던 것은 아니다.

형이 경영학과에 재학 중이어서 자연스레 경영학에 관심을 가졌고 애널리스트라는 직업이 주목받던 시절이라 눈길이 갔다.

증권가 사람이 되겠다며 겉멋이 들어서는 항상 경제 신문과 주간지를 옆구리에 끼고 등교했다. 서점에 있는 경제 경영 분야 도서를 닥치는 대로 읽었고 나중에는 경영학과 전공 서적까지 탐독했다. 이유야 어떻든 내 인생에서 가장 책을 많이 읽은 시기였다.

그렇게 공인회계사 자격증을 따겠다며 여름방학 내내 중앙도서관에 처박혀서 공부했다. 애널리스트가 되는 데 도움이 될 것 같았다. 하지만 매일 10시간 넘게 공부하는 건 쉽지 않았다. 그만둘 핑곗거리를 찾던 중 아버지가 한마디 건네셨다.

"공인회계사 준비는 그만두고 하던 공부를 열심히 하는 게 어때?"

나는 옳다구나 싶어 그길로 공인회계사 공부를 그만두었다. 누군가의 말 한마디에도 쉽게 동요하던 시절이었다.

인정욕구부터 버리기로 했다

2년간의 군 생활을 마치고 대학교 3학년으로 복학해서 보니 트렌드가 또 바뀌어 있었다. 외국계 투자은행과 컨설팅 회사의 인기가 높아졌다. 나는 시류에 편승해 외국계 기업 여기저기에 지원했고 외국으로 나갈 또 다른 길을 만들어두기 위해 도쿄대에 석사로 지원했다. 그러다 도쿄대에 합격해 다시 전기공학 연구자로 돌아갔다.

하지만 연구가 뜻대로 풀리지 않자 또 딴 길로 샜다. 느닷없이 변호사가 되겠다며 로스쿨을 준비한 것이다. 한국에 한 달간 귀국해서 시험공부를 했다. 하지만 이때도 별것 아닌 이유로 그만두었다. 이제는 기억도 잘 나지 않는 이유에서였다.

그러고는 한동안 컨설팅, 투자은행, 리쿠르팅, 테크기업 기술영업, 대기업 연구직 등 다양한 직군으로 한미일 3개국의 회사에 지원했다. 이때는 일본 대학원생들의 취업 활동 트렌드를 따랐다. 그냥 좋아 보이는 곳은 전부 지원했다.

당시 나는 스스로에 대한 이해가 부족하고 확신이 없

었다. 그러다 보니 항상 타인의 시선을 의식했다. 타인에게 인정받고 싶은 욕구 때문에 내가 진짜 원하는 일보다 그저 '좋아 보이는 것'을 선택했다. 그래서 나만의 길을 찾기보다는 나와 비슷한 처지에 있던 주변 사람의 선택을 따랐다. 실패는 못 본 척하고 성공 사례에만 집중한 것은 물론이다.

대기업 대표들의 프로필을 보고 그들과 똑같은 학벌과 경력을 갖춰야겠다고 생각한 적도 있다. 신문과 주간지를 매일같이 읽으며 기업 회장과 임원들의 프로필을 살폈는데, 당시 주목받던 삼성전자 진대제 전 대표, 황창규 전 KT 회장이 서울대를 나와 미국에서 박사과정을 밟은 이력을 갖고 있었다. 나는 막연하게 상상했다.

'나도 서울대를 나왔으니 미국에서 박사학위를 받고 오면 대기업 임원까지는 올라갈 수 있겠구나.'

정말 허황된 계획이었다. 타인의 인생을 나에게 그대로 적용하는 건 애초에 불가능했다. 나를 둘러싼 환경과 시대도 달랐고, 무엇보다 생각이 달랐다. 내 인생은 내가 스스로 부딪쳐 가면서 만들어야 했다.

그러려면 일단 인정욕구부터 버려야 했다.

눈앞의 성공이 아니라 인생 전체의 만족도를 높이려면

모든 선택의 기준이 나여야 했다.

그럼에도 당시 나는 내 마음이 원하는 것보다 다른 사람의 시선과 평가가 훨씬 더 중요했다. 잘못된 생각이었다.

일단 닥치는 대로 시작할 것

20대는 그야말로 삽질의 연속이었다. 이것저것 무작정 도전했고 거의 모든 순간에 실패했다. 전역 후 복학했을 때 나는 그 어느 때보다 설레면서도 두려웠다. 경력개발센터 홈페이지, 학과 게시판 등을 매일같이 드나들며 새로운 기회를 모색했다. 당시 많은 학생이 외국계 기업에 취업해 해외에서 커리어를 쌓고 싶어 했다. 나도 카투사로 복무하며 미국인들과 일한 이력을 바탕으로 막연하게나마 해외에서 일할 기회를 찾고 있었다.

그러던 와중에 학교 경력개발센터에서 매년 열 명 정도

를 선발하는 해외 인턴십 프로그램을 발견했다. 실리콘밸리의 기업들을 탐방하고 기업 관계자 앞에서 발표해 인턴십 기회를 찾는 프로그램이었다. 운 좋게도 참가자로 선발된 나는 인턴십 기회를 잡기 위해 그해 여름방학을 전부 투자하기로 마음먹었다.

구글에 한국인 직원이 스무 명도 되지 않을 때라 인턴이든 정규직이든 실리콘밸리 기업에 입사하는 것에 대한 정보가 거의 전무했다. 외국계 회사에서 일한 경험이 있는 경력개발센터 선생님과 지도교수님에게 필사적으로 조언을 구했다. 함께 선발된 친구, 선배들과 기업별로 맞춤형 주제를 잡아서 자료를 준비하고 영어 발표를 연습했다. 프로페셔널하게 보이고 싶었던 나는 당시 컨설팅 회사에 다니던 선배들에게 부탁해서 시장조사 자료까지 넘겨받아 발표 자료를 화려하게 꾸몄다.

마음대로 돌진하는 용기

결론부터 이야기하자면 그 도전은 사실 굉장히 무모한

행동이었다. 외국인이 미국에서 일하기 위해서는 비자가 필요한데, 미국 내에서 공부한 학생은 1~3년짜리 취업 허가증을 받아 인턴을 한다. 외국에서 온 학생이 인턴을 하려면 무보수로 일하거나 굉장히 복잡한 절차를 거쳐야 했다. 애초부터 확률이 매우 낮은 싸움이었던 것이다. 그렇게 실리콘밸리에서의 인턴십 기회는 날아갔다. 각 기업에서 원하는 기준도 파악하지 않은 채 무턱대고 열심히 준비한 결과였다.

하지만 그 덕분에 얻은 것도 있었다. 나는 나도 모르는 사이 한계를 뛰어넘으며 새로운 기회를 만들어냈다. 첫째, 실리콘밸리에서 일하는 미래를 처음으로 상상하게 되었다. 둘째, 이 프로그램을 지원하며 알게 된 경력개발센터 선생님에게 결국 싱가포르 회사를 소개받아 인턴십 기회를 잡았다. 그리고 셋째, 진짜 내 마음이 끌리는 대로 돌진하는 힘이 어떤 것인지 경험했다.

당시 친구들은 자전거로 국토 횡단을 떠났다. 나는 발표 준비에 몰입해 한껏 고무된 상태였는데, 잘 시간도 부족한 와중에 친구들과 시간을 보내고 싶어서 무모한 짓을 벌였다. 다짜고짜 30만 원짜리 자전거를 사서 고속터미널까지 달린 뒤 자전거를 버스에 싣고 논산까지 간 것이다. 논산에서 광주까지 친구들과 함께 여행한 뒤 홀로 서울로 돌아와 발표 준비를 마쳤다. 그 어떤 계산도 없었고 그 어느 때보다 즐거웠다. 그날 일은 아직도 친구들의 입에 오르내리며 놀림을 받을 만큼 엉뚱했지만, 내 안에 잠재되어 있던 돌진하는 에너지를 깨웠다.

실패가 두려워 뭐든 닥치는 대로 해보던 나는 그 덕분에 재미있는 사실을 알게 되었다.

일단 시작하면 뭐든 된다는 것,

처음부터 완벽한 선택이란 세상에 없다는 사실이었다.

내게 필요한 건 마음이 끌리는 대로 계속 나아갈 용기, 그뿐이었다.

"불합격입니다"

도쿄대 교환학생 지원 결과, 불합격 통보를 받았다. 그 사이 오사카대 교환학생 지원은 마감되어 버렸다. 역시 삶은 뜻대로 되지 않는다.

어느 날, 평소 알고 지낸 공대 대외협력본부 선생님이 도쿄대와 오사카대에서 교환학생을 선발한다는 소식을 알려줬다. 해외에 나가고 싶어 기회만 보던 내게 무척 반가운 소식이었다. 나는 당시 가장 친했던 친구에게 연락했다.

"도쿄대 교환학생을 모집한대. 너도 지원해 볼래?"

나처럼 유학을 고민하던 친구였기에 당연히 정보를 공유해야 한다는 생각뿐이었다. 하지만 그게 패착이었다. 그 친구는 학점이 매우 좋았고, TO가 한 명인 모집에 결국 그 친구가 선발되었다.

설상가상으로 그사이 오사카대 교환학생 지원도 마감되어서 교환학생으로 선발될 기회 자체가 없어지고 말았다. 오직 공대생을 위한 교환학생 프로그램이다 보니 경쟁률이 낮아 좋은 기회였는데 그조차 날려버린 것이다(공대생은 빡빡한 커리큘럼 때문인지 다른 단과대 학생에 비해 대외활동에 관심이 덜했다).

그런데 도쿄대 교환학생 불합격 통보를 받고 며칠 뒤 공대 대외협력본부 선생님으로부터 반가운 이메일을 받았다. 오사카대 교환학생 모집인원이 다섯 명으로 늘어났다는 소식이었다. 나는 일본어에 관심이 많아 중학생 때부터 공부를 해둔 상태였는데, 오사카대는 일본어 자격증과 시험 점수를 평가에 많이 반영해서 내게 유리했다. 그렇게 구사일생으로 오사카대 교환학생으로 뽑혔다.

오사카대에서 정말 좋은 사람들을 많이 만났다. 대학

생활을 통틀어 손에 꼽을 만큼 즐거운 시간이었다. 전공과 상관없이 다양한 배경을 가진 사람들과 만나 이야기를 나눴다. 그야말로 내 안의 세계가 넓어지는 듯한 경험이었다. 그런데 내가 오사카대에서 꿈같은 시간을 보내는 동안 도쿄대 교환학생에 합격한 그 친구는 매일 실험실에 처박혀 실험만 하는 안타까운 일상을 반복했다. 그 친구에게는 미안하지만, 내겐 전화위복이 되었다.

실패라는 이름의 기회

이후 교환학생을 마치고 학부 졸업을 앞둔 나는 오사카대에서 만난 한인학생회장의 권유로 도쿄대에 석사로 지원했다. 만약 내가 도쿄대 교환학생이던 친구처럼 매일 실험만 했다면 생각도 안 했을 일이었다.

당시에는 몰랐지만 오사카대 교환학생과 도쿄대 석사 경험은 취업 시장에서 나의 무기가 되었다. 일본인 엔지니어가 적은 실리콘밸리에서 일본 문화를 이해하고 커뮤니케이션이 가능한 엔지니어로 나 자신을 포지셔닝할 수 있었던 것이다. 실패는 또 다른 기회였다.

이후 다양한 선택지를 만들고 실행하는 데 더욱 과감해졌다.

실패해도 다른 길이 있으니까,

그 길이 오히려 나를 더 빨리

성장시킬 수도 있음을 알기에

크게 두려울 게 없었다.

나중의 일이지만 나는 이때의 경험을 바탕으로 싱가포르 기업과 LG전자에서 소프트웨어와 데이터베이스 엔지니어로 단기간 일했고, 학부에서는 반도체 소자 설계를 주제로 공부했다. 석사 때는 반도체 회로 설계로 시작해 무선 충전과 바이오 센서로 연구 분야를 확장했고 삼성전자에서 일할 때는 무선 충전 반도체 설계를 연구했다.

박사과정 때는 뇌와 컴퓨터를 연결하는 초소형 시스템 설계를 연구했다. 반도체 회로설계, 보드 레벨의 시스템 회로설계, 재료 연구, 시그널 프로세싱, 소프트웨어 디자인,

동물실험 디자인 등으로 연구 분야를 확장했다. 박사 후 연구원 때는 인공 망막 연구, 혈관 센서, 코비드 진단을 위한 웨어러블 장치, 머신러닝 등으로 관심을 넓혔다. 이후 애플에서는 휴대폰 디스플레이와 센서를 설계했다. 도쿄대 교환학생 불합격에서 시작된 뜻밖의 성과였다.

상상은 결국 현실이 된다

오사카대 교환학생 시절 학부 졸업을 준비하면서 도쿄대 석사 진학과 입사 준비를 병행했다. 당시 전기과 학생들에게 인기가 있던 통신 기업의 공채, 공대생의 필수품인 공학용 계산기를 만드는 기업의 기술영업직, 연봉을 많이 주기로 유명한 금융 컨설팅 회사에 지원하고 면접을 봤다. 도쿄대 석사는 사실상 플랜 B였다.

하지만 도쿄대 입시를 준비하는 동안 오래전 기억이 떠오르면서 마음이 조금씩 흔들렸다. 고등학생 때 한일 문화교류 사절단으로 효고현의 고등학교를 방문한 적이 있다. 도쿄대 입학을 막연하게 꿈꾸며 교무실 앞에 놓인 도쿄대 입시 원서를 몰래 품에 안고 나왔던 그때의 기억이 구직 활동을 하는 내내 머릿속을 떠나지 않았다. 어느 순간 입사 결과보다 석사 입시 결과를 초조하게 기다리고 있었다.

당시 도쿄대는 합격자를 발표할 때 운동장 한복판에 게시판을 세우고 수험생 번호를 대자보처럼 적어서 게시했다. 그때 나는 한국에 있어서 직접 확인할 수가 없었는데, 오사카대 교환학생 때 친하게 지낸 지인에게 합격자 확인을 부탁하고 연락이 오기만 기다렸다.

입학시험을 보고 두 달쯤 지난 9월의 어느 날, 휴대폰으로 한 장의 사진이 도착했다. 하도 많이 봐서 잊을 수 없는 내 수험번호였다. 곧바로 부모님에게 전화해 합격 소식을 알렸다. 그리고 모든 구직 활동을 포기했다.

한국에서 온 불법 체류자

캐리어 두 개를 끌고 혈혈단신으로 도쿄에 도착했다. 마침 대학교 2학년 때 과외 아르바이트로 물리를 가르쳤던 친한 동생이 도쿄대 전기계연구과 석사로 함께 입학하게 되어 그 집에 머물면서 입학 수속 절차를 밟았다.

일본 유학은 처음부터 순탄치 않았다. 입국 전까지 재류자격증명서가 발급되지 않아 관광비자로 입국한 뒤 유학비자로 전환했는데, 관공서 서류 작업이 정말 어려웠다. 당시 도쿄대는 비자 전환 서비스를 제공했지만 시간이 오래 걸려서 자칫 불법 체류자가 될 수도 있었다. 서류를 직접 제출하기 위해 이민관리국으로 향했다.

도쿄 시나가와구에 있는 이민관리국은 전 세계에서 온 외국인으로 넘쳐났다. 오랜 시간 기다려 마주한 창구 직원은 마스크를 낀 채 안경을 반쯤 내려쓰고 나를 응시하면서 딱딱하고 사무적인 말투로 응대했다. 고압적인 상대를 어려워하던 때라 순간 나는 얼어버렸다.

창구 직원은 관광비자로 체류할 수 있는 기간이 3개월인데 학생비자로 전환하는 데만 2~3개월이 걸린다고 했다. 이미 체류 기간이 한 달 반을 지난 시점이었기에 그 말대로라면 나는 곧 불법 체류자가 될 신세였다. 위기였다.

나는 간절한 목소리로 직원에게 하소연하기 시작했다. 평소 아쉬운 소리 하는 걸 어려워했지만 불법 체류자가 되는 일은 피해야 했다. 도쿄대 유학을 위해 캐리어만 달랑 들고 입국했고, 학생 비자가 없으면 학업을 계속할 수 없다는 말을 늘어놓았다.

직원은 내게 담당 교수가 누구냐고 물었다. 질문의 의도를 알 수 없었지만 일단 순순히 대답했다. 그러자 원래는

안 되는데 속달로 처리하겠다고 했다. 그리고 정말 2주도 안 되어서 유학비자가 발급되었다. 교수의 유명세 덕인지, 일본의 유별난 도쿄대 사랑 덕인지, '장화 신은 고양이' 같은 나의 간절한 호소 덕인지 아직도 알 수가 없다. 그 누구도 예상하지 못한 상황의 연속이었지만 그렇게 또 한 고비를 넘겼다.

4평짜리 기숙사에서 다시 시작

도쿄대 석사 연구실은 시부야구에서 자전거로 10분 정도 떨어진 코마바 리서치 캠퍼스에 있었다. 당시 시부야구 근처의 방 가격이 우리나라의 5~6평 원룸 기준으로 5~7만 엔 정도였는데 당시 환율로 계산하면 70~100만 원이었다. 가난한 유학생에게 가혹한 돈이었다.

나는 운 좋게도 연구실 바로 옆에 있는 4평 남짓한 기숙사 방에 배정되었다. 얼마나 좁은지 침대도 책상도 접이식이고, 세면대 밑에 있는 손잡이를 잡아당기면 변기가 나왔다. 심지어 처음 입주했을 때는 바퀴벌레도 너무 많아 약국에서 연막탄을 구입해 몇 번이나 터트려야 했다. 믿기지 않겠지만 정말로, 방 안에 널브러진 바퀴벌레 사체가 최소 200마리는 되었다.

방은 좁고 환경은 열악했다. 하지만 각종 공과금을 포함해 기숙사비가 1만 엔, 당시 환율로 15만 원도 안 되니 내겐 이득이었다. 또한 세계 각국에서 온 친구들을 사귈 기회였다. 전 세계의 오타쿠가 모여 교류했다. 연구실에서 밤 늦게까지 일하다 돌아오면 친구들이 항상 로비에서 게임을 하거나 위스키에 진저에일을 섞어 마시고 있었다. 밤늦게 홀로 터벅터벅 들어와도 외로울 틈이 별로 없었다.

그렇게 한국을 떠나 본격적인 타지 생활이 시작되었다. 고등학생 때 몰래 입시 원서를 품에 안고 막연하게 상상만 했던 도쿄대에 입학했고, 전 세계에서 모인 인재들과 꿈같은 시간을 보냈다. 여전히 미래는 불안했다. 하지만 두렵지는 않았다. 내 앞에 전보다 훨씬 더 많은 선택지가 놓여 있었다. 다시 시작이었다.

우울의 터널 끝에서 발견한 것

첫 학기에는 열심히 수업을 듣고 그해 여름부터 본격적으로 연구를 시작했다. 석사과정임에도 연구 과제를 주도적으로 정할 수 있었다. 논문을 찾아 연구 주제 몇 개를 제안하면 교수님이 최종 선택해 펀딩을 받을 만한 기업과 미팅하고 결정했다. 그렇게 나는 바이오 관련 회로설계 연구를 시작했다.

하지만 연구는 순조롭지 않았다. 시작부터 난관에 부딪혔다. 지금 보면 석사과정생에게 너무 도전적인 주제였다.

이때가 2010년인데 이 연구 주제는 아직도 상용화되지 못하고 있다. 전 세계 연구기관의 노력에도 실효성을 검증하지 못할 만큼 어려운 과제인 것이다.

의욕만 앞섰던 나는 큰 무기력감을 느꼈다. 분명 정신없이 바쁘게 지내는데 결과가 보이지 않으니 막막했다. 연구실에 며칠간 출근하지 않고 집에만 있었다. 그럴수록 점점 더 침체되었고 근원적인 고독감이 밀려왔다. 침대에서 일어나고 싶지 않았다.

그렇게 3주 동안 4평짜리 기숙사 방에 처박혀 지냈다. 마침 방에는 어머니가 보내주신 햇반, 3분 카레와 짜장, 김치 캔이 박스 안에 한가득 있어서 그걸로 식사를 해결했다. 공교롭게도 부모님이 처음으로 보내주신 음식은 구호물자가 되었다.

이전까지는 히키코모리를 이해하지 못했다. 그런데 이때 나는 햇빛을 받는 것조차 싫었고 바깥으로 나가 세상을 마주하기도 귀찮았다. 내가 바로 히키코모리였다. 영화 〈기생충〉에서 지하실에 살던 인물보다 무기력했다. 침대에 가만히 누워 있다가 배고파지면 일어나 3분 짜장이나 카레를 햇반과 함께 전자레인지에 넣고 돌려서 꾸역꾸역 먹었다. 방 안은 어두컴컴하고 침침했다.

그놈의 성장에 꼭 목매야 할까?

막상 문을 열고 나가게 된 계기는 별 게 아니었다. 3분 짜장과 카레만 3주 동안 먹으니 질릴 대로 질린 데다 김치까지 떨어져 생존 본능이 발동했다. 문을 열고 밖으로 나갔다. 그새 퇴화한 몸의 근육을 움직이자 버거운 무게감과 상쾌함이 동시에 느껴졌다.

기숙사 근처 이노카시라 공원에 가서 스타벅스의 야외 테이블에 자리를 잡고 앉았다. 봄날을 맞아 한껏 차려입고 벚꽃 구경을 가는 커플들이 지나갔고, 바로 옆 테이블에는 회사원으로 보이는 남자가 깔끔한 정장을 입고 휴대폰으로 통화를 하면서 연신 담배를 피우고 있었다. 나는 니체의 『차라투스트라는 이렇게 말했다』와 톨스토이의 『사람은 무엇으로 사는가』를 테이블 위에 올려두고 천천히 읽기 시작했다.

세상에 대한 회의로 가득 차 있던 내 마음을 울린 건 『사람은 무엇으로 사는가』의 '사람은 사랑으로 산다'라는 메시지였다. 사람은 본능적으로 사랑을 꿈꾼다. 연인, 가족, 친구, 직장 동료에게 의지하고 상대에게 인정과 사랑을 받기 위해 노력한다. 치열한 삶일수록 사랑이 필요했다. 무한 경쟁에 지쳐 있던 나 역시 마찬가지였다.

오랫동안 나는 앞만 보고 달렸다. 이 냉정한 세상에서 살아남으려면, 남에게 아쉬운 소리 하지 않을 만큼 그럴싸한 삶을 살려면 계속 내달려야 한다고 생각했다. 다른 사람을 밟고 일어서고 싶진 않았다. 하지만 다른 사람에게 밟히고 싶지도 않았다. 열심히 신분의 사다리를 올라가는 수밖에 없었다. 나는 그렇게 다른 사람을 의식하느라, 남들 눈에 좋아 보이는 삶을 살기 위해 아등바등 애쓰느라 내 삶이 삭막해지는 줄도 몰랐다.

그런데 문득 의문이 들었다. 좋은 학교, 좋은 직장에 가면 행복해질까? 연봉 높은 직장일수록 경쟁은 치열해질 게 뻔했다. 경쟁을 통해 성장한다지만 그것 때문에 삶이 피폐해진다면 그깟 성장에 꼭 목매야 할 필요가 있을까 의심스러웠다. 남들 보기에 그럴싸한 사람으로 포장하기 위해, 혼자만 잘 살겠다고 부와 명예를 좇으며 내달리기만 할 일이 아니었다. 인생을 진짜 잘 산다는 게 뭔지 고민이 들었다.

인생의 목표를 찾은 순간

치열하게 경쟁하다 보면 마음이 인색해진다. 안 그래도 부족한 내 시간을 남에게 할애하는 게 부담스러운 것이다. 그럴 때 누가 도움을 요청하면, 충분히 해줄 수 있는 일이어도 수많은 핑계를 대며 돌아서게 된다. 마치 이 세상에서 나만 중요한 존재처럼 느껴진다. 하지만 당연하게도 사람은 혼자 살 수 없다. 어두침침한 방 안에서 3주 동안 뼈저리게 고독한 시간을 보낸 뒤에야 그 말이 현실적으로 다가왔다.

『사람은 무엇으로 사는가』를 덮고 멍하니 공원을 바라봤다. 봄날의 벚꽃이 눈처럼 흩날리는 모습을 보는데 언젠가 아버지가 해주신 말씀이 생각났다.

"아까워하지 말고 다 퍼줘라. 이것저것 퍼주면 받는 사람도 성장하지만 나는 더욱 성장해 있을 것이다."

남의 일을 대신해 주고 싶지 않아 근심하던 날, 그렇게 마음이 한껏 가난해져 있던 날 아버지가 내게 하신 말씀이었다.

"동료가 혼자 하면 100시간 걸릴 일을 내 도움으로 하루 만에 끝낼 수 있다면 도와주는 것이 동료에게도, 조직에도 좋다. 함께 성과를 낼 수 있으니 나에게도 좋고, 동료를 도와주는 과정에서 나도 경험을 쌓으며 성장한다. 10을 베풀면 1은 돌아온다."

그때는 몰랐던 그 말의 뜻을 이제야 조금이나마 알 것 같았다. 10을 베풀고 얻은 그 1이 내 안에 오랫동안 온기로 남아 따뜻하게 나를 지탱하는 힘이 되는 게 아닐까? 이타적인 삶이야말로 인생에 의미를 부여한다는 생각이 들었다.

3년 같았던 3주간의 히키코모리 일상은 그렇게 뜻밖의 깨달음과 함께 끝났다. 이제 다시 연구실로 돌아갈 시간이었다. 하지만 연구실에 가는 마음은 전과 달랐다.

'사람들의 삶을 편리하게 만드는 데 기여하고 싶다.'

그렇게 내 인생의 목표를 얻었다.

동일본 대지진으로 일본을 떠나다

2011년 3월 일본에는 유독 지진이 많이 일어났다. 처음에는 계속되는 미진에 놀라 잠을 설쳤다. 그런데 미진이 거듭되니 나중에는 공포감이 둔해져 자는 동안 진동이 있어도 신경 쓰지 않았다.

3월 11일 동일본 대지진이 일어난 날, 나는 연구실에 있었다. 여느 때와 다름없는 오후였는데 갑자기 빌딩 전체에 방송이 울려 퍼졌다. 30초 후에 진도 3.5의 지진이 일어날 테니 강한 흔들림에 주의하라는 경보였다. 카운트다운

이 시작됐다.

"30, 29, 28, 27… 3, 2, 1."

카운트다운이 끝나는 순간 건물이 흔들리기 시작했다. 그 전에도 계속 여진이 있던 터라 크게 놀라지는 않았다. 동료들과 일본의 지진경보 시스템의 정확도에 감탄하면서 계속 연구를 이어나갔다.

하지만 30초가 지나도, 1분이 지나도 지진은 멈추지 않았다. 연구실 사람들은 하나둘 일어나서 서로를 멀뚱멀뚱 쳐다보며 지진이 꽤 오래 지속된다는 말을 나누었다. 그리고 얼마 지나지 않아 공진현상으로 건물이 심하게 울리더니 선반의 물건들이 떨어졌다.

상황의 심각성을 느낀 사람들이 연구실에 비치된 지진대비용 안전모를 쓰기 시작했다. 진동이 계속되는 동안 몇 번이나 '건물 밖으로 뛰쳐나가야 하나, 책상 밑으로 숨어야 하나' 망설였다. 다른 사람들이 가만히 서 있는 것을 보면서 나도 일단 지진이 멈추기를 기다렸다.

5분쯤 뒤에 지진이 멈추었다. 방송 안내에 따라 다들 건물 앞 공터로 모였다. 공터에 가니 같은 기숙사에 사는 외국인 친구들이 모여 있었다. 다들 흥분해서는 대단한 지진이었다며 저마다 한마디씩 했다. 큰일을 겪은 사람치고 다들 너무 해맑았다. 전화는 터지지 않았지만 카카오톡 같은 인터넷 서비스는 사용할 수 있었다. 뉴스 속보를 본 지인들에게서 괜찮냐는 안부 문자가 잔뜩 와 있었다.

변수는 언제나 생긴다

공터에서 얼마간 기다린 다음 연구실로 돌아온 우리는 모든 지하철과 버스 운행이 중단되었다는 사실을 뉴스로 확인했다. 도쿄의 대중교통 의존도는 매우 높아서 다들 집에 못 가는 상황이었다.

일본인 선배들과 연구원이 냉장고와 책상에 비축해 두었던 술을 꺼내 와 술자리를 벌였다. 대중교통 운행이 재개되어 집에 갈 수 있을 때까지 이런저런 이야기를 나누며 기다리기로 했다. 하지만 아무리 기다려도 운행은 재개되지 않았다. 하나둘씩 택시를 타거나 걸어서 귀가하기 시작했다. 그제야 나도 연구실 바로 옆에 있는 기숙사 건물로 돌아갔다.

기숙사는 연구실보다 더 낡은 건물에 있었다. 그래서인지 건물 여기저기에 조금씩 금이 가 있었다. 6층의 내 방에 들어가서 보니 상황은 처참했다. 책장이 넘어져 책이 몽땅 쏟아져 있었고 조그마한 냉장고 위에 올려두었던 텔레비전 스크린은 산산조각이 나 있었다. 그 와중에 지진으로 취소되길 기대했던 토플 시험은 예정대로 다음 날 진행된다는 메일을 받았다. 어질러진 방을 정리할 시간도 없이 내 몸집만 한 조그마한 접이식 침대에 몸을 누이고 그대로 잠을 청했다.

다음 날 일본의 일상은 평화로웠다. 나는 예정대로 자전거를 타고 토플 수험장에 가서 시험을 보았다. 거리의 사람들은 평온해 보였다. 평소와 다른 건 멈춰버린 지하철과 TV에서 연신 보도되는 후쿠시마현의 쓰나미 영상뿐이었다. 그런데 한국에서 뉴스를 본 부모님과 지인들은 내게 큰일이 난 줄 알고 매우 놀라서 걱정하며 계속 안부를 물어왔다.

결국 부모님의 권유로 지진 3일 만에 한국으로 귀국했다. 여행사를 통해 당시 환율로 100만 원 정도 하는 비행기표를 겨우겨우 구했다. 나리타 공항까지 가야 하는데 지하철 운행은 끊겼고 버스 시간을 맞추기에는 너무 늦어버린 상태였다. 울며 겨자 먹기로 택시를 탔고 평소 한국 가는 비행기표보다 훨씬 비싼 요금을 택시비로 냈다. 당시 환율로 거의 50만 원이었다. 모두 전혀 예상하지 못한 변수였다.

아이폰 앱 개발을 맛보다

　동일본 대지진이 일어났을 당시 나는 여러 기업으로부터 입사 제안을 받고 선택의 기로에 서 있었다. 제안받은 기업들 중 한 곳에 취직해서 일본에 계속 남을지, 한국으로 돌아가 새로 구직 활동을 할지 결정해야 했다.

　연구실에는 나를 포함해 다섯 명의 석사생이 있었는데 모두 진로를 고민하고 있었다. 일본인 두 명, 한국인 두 명, 중국인 한 명으로, 다들 개성이 강하고 배경도 다양했지만 매주 수업을 같이 듣고 라멘도 먹으러 다니며 잘 어울려 지냈다. 국적만큼 다양한 상황에 놓였던 우리는 비슷한 고민을 저마다의 방법으로 풀어나갔다.

한국인 동기는 김대중 정부 때 시작한 한일 교류 프로그램의 일환으로 학부 때부터 일본에서 공부한 동생이었다. 군 미필이라 특히 고민이 많았는데, 도쿄대에 찾아온 한국 회사의 설명회에 열심히 다니더니 삼성에서 장학금을 받고 석사 전문연구원으로 입사했다. 지금은 스타트업 '강남언니'의 해외 총괄을 맡고 있다.

중국인 동기는 상하이교통대학 출신으로 일본 기업에 취업하기 위해 연구생을 거쳐 석사로 입학한 친구였다. 석사 내내 연구보다 취업에 집중했다. 1학년 말부터 검은 양복을 입고 기업설명회를 쫓아다니더니 노무라증권에 취업했다.

일본인 동기 한 명은 학부 시절 도쿄대에서 총장상까지 받은 촉망받던 인재였고, 다른 한 명은 게이오대 출신으로 연구보다 코딩에 더 관심이 많았다. 도쿄대 출신 동기는 석사인데도 선배들이 진행 중인 연구에 적극적으로 참여하면서 함께 좋은 성과를 냈다. 그리고 석사 2년 차에 '슈카츠

(구직 활동)'를 한다며 양복을 갖춰 입고 몇 번 오가더니, 당시 일본 전기과 학생들이 가장 선호했던 NTT연구소로 취업했다.

게이오대 출신의 일본인 동기는 상당히 특이했다. 연구실에 와서 최소한의 연구만 하고 매일 코딩을 공부했다. 저래도 되나 싶을 정도였지만 어느 누구도 그에게 뭐라 하지 않았다.

1학년 1학기가 지난 어느 날, 연구실에서 함께 대화를 나누다가 이 동기가 대뜸 내게 물었다.

"나랑 같이 아이폰 앱을 개발해서 비즈니스 대회에 나가보지 않을래?"

흥미로운 제안이었다. 싱가포르에서 인턴으로 근무할 때 아이폰 앱을 만들어보려 한 적이 있어서 구미가 당겼다. 함께 출전했다.

결과적으로 대회에서는 떨어졌다. 하지만 이 동기는 포기하지 않았다. 아이디어를 계속 발전시켜서 자신의 게이오대 동창와 함께 앱을 출시하자고 했다. 그때의 아이디어는 하루에 한 장씩 사진을 찍어서 간단한 코멘트와 함께 앱에 올리면, 본인이 1년 동안 무엇을 했는지 달력처럼 만들어서 보여주는 소셜 미디어 서비스였다. 당시 내 감성으로는 잘 이해되지 않았고 연구로 정신이 없던 시기라 제안을 거절했다.

얼마 뒤 이 앱은 'MY365'라는 이름으로 출시되었다. 그리고 놀랍게도 일본 애플 앱스토어에서 1위를 했다. 그 동기가 최고기술경영자(CTO)로 있던 시로쿠 주식회사는 석사 2년 차 때 아메바 블로그로 유명한 광고 대행사 사이버에이전트에 인수 합병되었다.

그 동기 덕분에 나는 직접 기술을 개발해 시장에 내놓는 사례를 가까이서 처음 접했다.

일반적인 대학원생처럼 박사과정을 밟거나
회사에 입사하는 게 아니라
전혀 다른 길을 만든다는 게 놀라웠다.

새로운 선택지였다.

또다시 찾아온 선택의 순간

나는 석사 1학년 때부터 취업 활동을 했다. 연구에 대한 회의와 염증이 있던 시기라 학부 때와 마찬가지로 다른 분야에 더 관심을 가졌다. 연구직보다 컨설팅, 투자은행, HR, 기술영업직 등 다양한 직군으로 지원했다. 특이하게도 일본은 연구직을 제외하고는 회사에서 전공을 중요하게 따지지 않았다. 어차피 처음부터 교육해야 한다고 생각하기 때문인 듯하다.

컨설팅 기업과 투자은행은 보통 외국계 기업이 많아 상대적으로 어학 능력이 우수한 한국인이나 유럽계 유학생이 취업에 유리했다. 면접도 매우 길어 3단계에서 5단계까지 보는 기업이 대다수였다. 한국에서도 한때 인기 있었던 외국계 컨설팅, 투자은행은 채용 인원이 많아서인지 한국에서보다 입사할 확률이 높았다. 나도 운 좋게 석사 2학년 중반에 많은 기업에서 입사를 제안받았다.

또다시 선택의 순간이었다. 더 이상 공부를 이어가고 싶진 않았다. 게이오대 출신 동기처럼 사업을 벌이고 싶은 마음도 없었다. 일본에 남아 회사를 다닐지, 다시 한국으로 돌아갈지 선택해야 했다.

하지만 동일본 대지진 이후 부모님은 내가 일본에 남기를 원하지 않으셨다. 결국 한국에서 받은 제안 중 연봉이 높고 박사과정에 진학할 때 커리어가 단절되지 않는 삼성전자에 입사했다. 당장은 공부하고 싶지 않았지만, 박사과정 진학을 플랜 B로 꼭 쥐고 다음 스텝으로 이동했다.

몰입의 기쁨

나는 삼성전자의 파워 소자 개발팀에 입사했다. 당시 팀에서는 내가 도쿄대에서 연구했던 무선 충전 반도체 회로설계 과제를 시작하려던 참이었고 당시 한국에서 이 분야를 공부한 사람은 드물었다.

팀은 해외에서 특채로 채용되어 새로 입사한 신입사원인 나와 서울대 박사 출신의 수석님으로 꾸려졌다. 그리고 두 명의 박사 출신 전문가가 팀에 합류했다. 한 명은 아날로그 회로설계 분야에 정통한 이탈리아인이었고, 다른 한 명은 파워 시스템 설계 분야에서 유명한 대학교 박사 출신의 미국 유학파였다. 출신이 다양해서인지 전 직원의 98퍼센트가 한국어로 말하는 조직에서 거의 유일하게 영어로 회의하는 팀이었다. 나 빼고는 모두 박사였다.

일반적으로 신입 직원이 초기 프로토타입부터 시작해 양산과 판매까지 경험하기는 힘들다. 대부분 기존에 있는 프로토타입을 양산하는 역할을 한다. 그런데 운 좋게도 나는 무선 충전 전공자가 국내에 별로 없을 때 입사해서 주도적으로 일할 기회가 많았다. 경험 많은 수석님이 최종적으로 결정했지만 다양한 업무에 참여할 수 있었다.

세상에 없던 기술을 발명하다

우리 팀에서는 휴대폰을 무선 충전 패드에 가지런히 올려두지 않아도 충전이 되는, 소비자에게 조금 더 편리한 반도체 기술을 개발하는 중이었다. 나는 초기 프로토타입 개발을 위해 반도체 칩을 연말까지 소량 생산하는 업무를 맡았다.

인턴십이나 계약직으로 일한 경력 외에 정규직으로서 첫 프로젝트였다. 잘하고 싶은 마음과 세상에 없는 새로운 기술을 개발한다는 긍지가 재미로 이어졌다. 밤 10시가 넘어 퇴근하는 건 기본이고 정말 바쁠 때는 회사에서 밤새우는 일도 마다하지 않았다. 배움에 대한 의욕이 넘쳐서 출퇴근 버스에서도 논문을 읽었다. 업무 관련 아이디어가 생각날 때마다 검색도 해보고 책도 수시로 찾아봤다.

그 결과 입사 후 2년 동안 삼성전자에서 가장 높은 등급에 해당하는 국제 특허 다섯 건을 출원했다. 그리고 전 세계 반도체 회로설계 올림픽이라고 불리는 ISSCC 학회의 논문에 공저자로 참여했다. 누가 시켜서 억지로 했다면 절대 이룰 수 없었을 성과였다.

반도체는 보통 2~3년 정도 프로토타입 성능을 검증하고 기능 검사를 마친 후 수율을 확보해 대량 생산한다. 개발의 시작은 디자인 스펙 결정과 회로설계인데, 수개월에 걸친 회로설계가 끝나면 도면을 파운드리라는 공장으로 보내서 반도체를 제조한다. 이 과정이 공정에 따라 두 달에서 수개월 정도 걸린다. 나는 2012년 3월 팀에 배정되어 반도체 개발을 시작했고 12월에 회로설계를 마감해 도면을 공장으로 넘겼다.

공교롭게도 프로젝트 마감일은 내 생일이었다. 경기도의 한정식집에서 부모님과 점심을 먹고 나와 흐르는 강물을 한참이나 바라봤다. 첫 프로젝트를 마친 후련함과 허무함이 동시에 느껴졌다. 프로젝트의 결과는 아직 알 수 없었지만, 그동안 온전히 몰입하며 애쓴 나를 가만히 칭찬했다.

위기가 만든 몰입의 순간

몇 개월 후 내가 설계한 반도체 칩이 공장에서 출하되었다. 공장에서 출하되면 웨이퍼(wafer)라는 동그란 실리콘 판에 그려진 반도체 칩들이 작게 잘려서 나오는데, 대부분은 패키징을 위해 업체로 보내지고 일부는 사전 기능 검사를 위해 설계팀으로 보내진다.

반도체 칩을 받고 사전 기능 검사를 하기 위해 설계 팀이 전부 연구실에 모였다. 반도체 칩은 워낙 작아서 기능 검사를 하려면 커다란 판 위에 반도체 칩을 두고 전기 배선을 연결하는 작업이 필요하다. 이 과정은 매우 섬세하고 보통 기술자들이 다 해주기 때문에 반도체 회로설계 전공자들은 경험하지 못한다. 하지만 나는 석사과정 동안 수없이 했던 작업이라 익숙했다. 숙련된 조교처럼 반도체 칩 전기 배선을 완료했다.

테스트 장비 앞에 앉았다. 설계 팀원들이 지켜보는 가운데 신중하게 기능을 측정했다. 첫 기능 검사는 성공적이었다. 팀 분위기는 매우 고무되었다. 반도체 회로설계는 첫 기능 검사에서 성공하기가 매우 힘들기 때문이다. 그동안 고생한 보람이 있었다.

하지만 2주 뒤에 팀 분위기는 반전되었다. 패키징된 반도체 칩을 받아 다시 기능 검사를 실행했다. 지난번보다 강도를 높여 송신 전력을 6W까지 늘리니 전력이 전달되지 않았다. 여러 방법으로 시도해 봤지만 결과는 똑같았다. 성능 평가와 검증이 답보 상태에 빠져버렸다.

문제를 해결하기 위해 밤낮으로 고민했다. 회사는 물론 집에서도 반도체 칩을 붙잡고 몇 날 며칠을 끙끙댔다. 각종 논문과 자료도 샅샅이 뒤졌다. 하지만 도저히 해결책이 보이지 않았다.

진전도 없이 시간만 흐르니 답답하고 막막했다. 팀원들과도 머리를 맞대고 고민했지만 방법이 없었다. 그러다 아주 우연히 반도체 기업 퀄컴에서 발행한 자료에서 해결의 실마리를 발견했다. 이 실마리를 붙잡고 또다시 며칠을 내내 고민했다. 몰입의 연속이었다.

그러던 어느 날, 마치 영화 같은 일이 벌어졌다. 여느 때와 똑같이 잠이 들었는데 꿈속에서 문제를 해결할 아이디어가 번뜩 떠오른 것이다. 나는 곧바로 자리를 털고 일어나서 책상 앞에 앉았다. 눈도 제대로 뜨지 못한 채로 꿈에서 본 아이디어를 서둘러 정리했다. 일요일이었지만 차를 몰고 곧장 회사로 향했다. 꿈에서 본 아이디어를 구현하기 시작했다. 결과는 대성공이었다.

수석님과 팀원들에게 문자를 보내 문제를 해결했다고 알렸다. 곧바로 다들 회사에 출근해 결과를 지켜보았다. 전 구간에서 이상 없이 무선 충전되는 것을 확인한 팀원들은 환호했다. 극적인 성공의 순간이었다.

이 경험은 내 인생에 큰 자산이 되었다.

아무리 고민해도 답이 보이지 않는 문제를

끝까지 붙잡고 늘어진 것도,

그렇게 해서 끝내 해결해 낸 것도 귀한 경험이었다.

한번 해봤으니 그런 일이 또 생긴다 해도 돌파할 수 있다는 자신감이 생겼다. 난관에 부딪혀도 좌절하지 않았다. 포기 대신 도전을 선택했다.

감정 대신 수습에 집중할 것

첫 프로젝트는 무사히 마쳤다. 하지만 신입사원이 그렇듯 그 과정에서 실수도 많이 했다. 일본에서 석사를 마치고 한국에서 정규직으로 사회생활을 처음 시작한 나는 성실한 직원 코스프레를 했지만 결국은 제멋대로였다. 업무는 물론 인간관계에도 미숙했다. 업무적인 실수는 배우면서 보완하면 될 일이었지만 인간관계나 조직 생활에서 생기는 실수는 풀어나가기가 더 어려웠다. 어느 조직이나 그렇듯 크고 작은 갈등은 늘 있었다.

우리 팀은 모두 개성이 강했다. 유럽 마인드에 한국어는 전혀 못 하는 이탈리아 출신 책임연구원, 미국의 유명 대학에서 박사학위를 받고 막 귀국한 미국 유학파 책임연구원, 논문 읽기를 좋아하며 회사 정치라고는 모르는 서울대 스타트업 출신의 수석님, 석사 신입사원으로 막 입사한 나. 지금 생각해도 한국 기업에서 존재하기 힘든 조합이었다.

미팅은 전부 영어로 했고 나는 이탈리아 책임연구원의 전담 통역사 역할도 했다. 그런데 그는 팀에 불만이 많았다. 언어의 한계로 소통이 원활하지 않아 여러 오해가 쌓인 듯했다. 한편으로는 나 역시 초과근무를 하지 않는 그의 업무 스타일 때문에 업무를 도맡으면서 종종 스트레스를 받고 있었다.

기한 내에 프로젝트를 마감하기 위해 바쁜 와중에도 나는 팀원들 간의 불평을 들으며 중재자 역할을 했다. 매일 강도 높게 일하고 술을 마시는 일상이 계속되었다.

그러던 어느 날, 여느 때와 같이 팀원들과 맥주를 마시던 나는 극도로 쌓인 스트레스를 견디지 못하고 미국 박사 출신의 책임연구원 앞에서 탁자를 내리쳤다.

"이제 그만 좀 하세요!"

그가 이런저런 불만을 쏟아내던 중이었다. 의미 없는 감정 소모는 그만두고 프로젝트가 제대로 굴러가도록 집중하고 싶었다. 그렇게 하는 게 내 딴에는 정의로운 일이라고 생각했다.

하지만 집에 들어와서 생각하니 후회가 되었다. 의도야 어쨌든 무례한 행동이었다. 별별 생각이 다 들었다. 그냥 모른 척을 해야 하나? 죄송하다고 다시 사과를 드려야 하나? 퇴사할까? 아, 회사 가기 싫다….

괴로운 마음으로 밤을 보내고 다음 날, K-회사원이 다 그렇듯 꾸역꾸역 출근했다. 나는 곧바로 책임연구원을 찾아가 겸연쩍게 사과했다. 기분이 많이 상했으리라 생각해 긴장했는데, 감사하게도 너그러이 이해해 줬다. 퇴근하고 또 술 한잔하며 아름답게 마무리했다.

인간관계에서 오는 문제는 감정 소모가 심하다. 나의 잘못이든 타인의 잘못이든 하나하나 감정적으로 대응할수록 조직 생활은 힘들어진다.

나는 그날 이후로 누군가의 실수로

문제가 발생했을 때 서로의 감정에 귀 기울이기보다

해결 방안을 찾는 데 집중하는 연습을 했다.

그리고 문제가 마무리되면

유사한 일이 발생하지 않도록

개선 방안을 모색해 갈등을 대비했다.

회사 생활을 하면 하루의 대부분을 직장 동료와 보내기 때문에 친근하게 지내며 인간적인 화합을 기대하게 된다. 하지만 회사는 친분을 위한 사교 공간이 아니라 공동의 이익을 향해 나아가는 집단이다. 업무에 관해서는 감정을 배제하고 이성적으로 접근해야 했다. 감정의 소용돌이 속에서 시행착오를 겪으며 배워나갔다.

마일스톤, 최종 목표를 위한 무기

삼성전자에서 새로운 발명을 하며 느낀 즐거움과 몰입의 경험은 또 다른 갈증으로 이어졌다. 더 많이 배우고 연구하며 실력을 키우고 싶어진 것이다. 나는 잠시 접어두었던 플랜 B를 슬며시 꺼내 들었다. 미국 대학원 박사 진학을 준비하기 시작했다.

회사를 다니면서 박사 진학을 준비하는 일은 정말 만만치 않았다. 유학 스터디가 있는 날은 퇴근하자마자 화성에서 서울대까지 이동했고, 스터디가 없는 날은 강남역 스터

디 카페에서 밤늦게까지 공부하며 미국의 대학원 수학 자격시험인 GRE를 준비했다.

박사 유학을 준비하는 석사 학생들은 방학 동안 풀타임으로 매진하는데, 회사를 다니면서 준비하다 보니 항상 부족하다는 생각이 들었다. '목마른 사람이 우물을 판다'는 말처럼 스스로 부족하다는 생각이 드니 남들보다 부지런히 학교, 연구실, 교수를 찾아서 입학을 제안하는 데 공을 들였다. 1지망 연구실 세 곳을 비롯해 총 열다섯 곳에 지원했다. 동시에 실리콘밸리 빅테크 입사도 플랜 C로 준비했다.

반드시 합격하게 만든다

나는 학점과 GRE 점수가 좋은 편이 아니어서 다른 전략이 필요했다. 일단 필수 제출 요건 점수만 확보해 놓고 교수에게 메일을 보내는 데 집중했다. 학교 홈페이지에 수시로 들어가 교수들의 연구 분야를 읽어보고 관심 있는 교수 목록을 엑셀로 정리했다. 일종의 대학원 지원 트래커를 만든 것이다. 각 교수의 논문을 서너 편씩 읽어보면서 누구의 연구 프로젝트에 기여할 수 있는지 분석했다.

일단 내가 연구한 무선 충전 반도체 회로설계를 필요로 하는 이식형 의료기기(IMD) 연구 교수들을 집중적으로 찾아봤다. 이식형 의료기기는 인체에 들어가는 장치이다 보니 무선 충전이 꼭 필요했다. 배터리를 이용하면 주기적으로 수술하며 배터리를 교체해야 해서 부담스럽고, 기기에 전선을 달아 외부에서 충전하면 전선에 닿아 있는 부분이 감염될 수 있다. 그래서 이식형 의료기기 설계에 무선 충전은 필수 요소다.

하지만 다짜고짜 '무선 충전 반도체 설계 경험이 많으니 뽑아주세요'라는 식의 메일을 보내는 건 어린아이가 어른에게 '나도 이거 해봤어. 잘할 수 있어' 하며 떼쓰는 말밖에 되지 않는다. 그래서 '당신의 이러이러한 논문을 흥미롭게 읽었고 이 부분에서 후속 연구를 진행할 수 있을 것 같다. 나는 이러이러한 아이디어가 있고, 이를 실제로 구현하기 위한 연구 경험과 기술을 이러이러한 과정을 통해 쌓았다'라는 식으로 스토리를 만들었다.

그리고 내가 저자로 참여해 출판한 논문을 언급했다.

고등학교 로봇 동아리와 대학교 전기과 하드웨어 동아리에서 수상한 경력도 언급했다. 회사 일을 끝내고 집에 돌아와 새벽까지 매일 이 작업을 하느라 만성피로에 시달렸다. 원래 잘 흘리지 않는 코피까지 흘렸다.

결과적으로 열다섯 개 대학원의 교수 열일곱 명에게 이메일을 보냈다. 그리고 네 명의 교수에게 답장을 받았다. 그중 매사추세츠공대 교수의 답신이 인상적이었다.

"매사추세츠공대에 우선 지원해 봐! 만약 합격한다면 더 이야기해 보자. 하지만 매사추세츠공대 입학은 경쟁이 매우 치열하고, 우리 연구소에 들어오는 건 더더욱 힘들 거야. 행운을 빌게."

도대체 나한테 관심이 있다는 건지, 현실을 직시하라는 건지 알 수가 없어서 긴가민가했지만 일단 답장을 준 것만으로도 고마웠다.

교수에게 답장을 받은 학교들을 중심으로 이곳저곳에 입학 지원을 했다. 회사 생활과 실리콘밸리 빅테크 입사 준비를 병행하며 최종 합격 메일을 기다렸다.

유학을 준비했거나 외국계 회사에 지원해 본 사람이면 알 것이다. 메일의 첫 문장이 "Congratulation"으로 시작하지 않고 "Thank you for applying XXX" 이런 식으로 장황하게 이어지면 불합격 통보일 가능성이 크다. 박사 입학 지원 이후에 몇 번이나 이런 메일을 받았고, 그럴 때마다 가슴이 철렁 내려앉았다. 매일 가슴을 졸이며 합격 메일을 기다렸다.

그러던 2014년 3월 어느 날 새벽 4시, 메일 도착을 알리는 소리에 잠에서 깨어났다.

"박사과정 입학을 축하드립니다. 2014년 가을부터 전기 및 컴퓨터 공학 프로그램을 시작합니다(Congratulations on your acceptance into the Ph.D. in Electrical & Computer Engineering Program beginning in Fall 2014)."

간절히 기다리던 합격 메일이었다. 나는 첫 문장을 읽자마자 침대에서 벌떡 일어나서는 곤히 자고 있던 부모님을 깨워 이 기쁜 소식을 알렸다. 합격 통지 메일을 보낸 곳은 1지망 연구실 세 곳 중 하나인 조지아공대였다. 일말의 망설임도 없이 삼성전자를 그만두고 미국 조지아주 애틀랜타로 떠났다. 그렇게 미국 동남부의 명문 공과대학이라 불리는 조지아공대에 입학해 '초소형 인체 이식형 무선 뇌-컴퓨터 연결 장치 설계'를 연구하며 박사과정을 시작했다.

나는 지치지 않고 성장하며 최종 목표를 이루기 위해 늘 마일스톤, 즉 단기 목표를 세우고 달성하며 나아간다.

처음부터 단번에 최종 목표를 이루는 건 불가능하다.
하지만 마일스톤을 세워 징검다리를 건너듯
하나씩 밟아 나가면
이루지 못할 목표는 없다.

도쿄대도, 삼성전자도, 조지아공대도 모두 마일스톤이었다. 그렇게 나는 '사람들의 삶을 편리하게 만든다'라는 최종 목표를 향해 한 발씩 나아갔다.

놀랍게도 삶의 마일스톤에서 했던 선택들은 꼬리에 꼬리를 물며 나를 새로운 길로 이끌었다. 당시에는 전혀 알지 못했지만 내 석사과정 연구 주제였던 '무선 충전'이라는 키워드는 나를 삼성전자와 조지아공대 박사과정, 그리고 이후 스탠퍼드 박사 후 연구원 과정까지 장장 10년의 길로 인도했다.

처음부터 이 모든 과정을 큰 그림으로 그리고 목표로 세웠다면 어땠을까? 아마 이루지 못했을 것이다. 삶은 언제나 예측 불가니까.

외국어를 공부하는 세 가지 방법

막연하게나마 해외에서 일하는 삶을 상상했던 나는 일찍부터 외국어를 공부했다. 영어는 초등학생 때부터 학원을 다녔고 일본어는 중학생 때 교과과정과 상관없이 개인적인 호기심으로 공부하며 재미를 붙였다.

해외에 나갈 기회는 거의 없었다. 초등학교 때 영어 회화 학원을 같이 다니던 친구들은 방학 때만 되면 미국으로, 영국으로, 호주로 나가곤 했는데 그런 친구들이 부러웠다. 어머니는 방학 때마다 미국에 사는 사촌 집을 방문하자고 했지만 어째서인지 실제로는 단 한 번도 가지 못했다.

처음 해외로 나간 것은 고등학생 때다. 당시 일본어 경시대회에서 수상할 정도로 일본어 공부를 열심히 했는데, 이를 본 담임 선생님이 교육청에 추천한 덕분에 한일문화교류 학생사절단으로 선발되어 일본을 방문했다. 이후 과외 아르바이트를 하거나 다양한 프로그램에 지원해 꾸준히 해외로 나가기 시작했다.

그렇게 어렸을 때부터 끊임없이 공부했고 해외에서 경험도 많이 쌓았지만, 실리콘밸리에서 영어 생활자로 살고 있는 지금까지도 외국어 공부를 한다. 현지의 섬세한 뉘앙스를 포착하기란 여전히 쉽지 않기 때문이다. 영어든 일본어든 내가 외국어를 공부하는 방법은 세 가지다.

첫째, 원어민의 말을 큰 소리로 흉내 낸다

말을 잘하려면 생각하기 전에 입에서 저절로 튀어나와야 한다. 그러려면 원어민의 억양이 입에 붙어야 하는데, 큰 소리로 따라 하다 보면 자연스럽게 익숙해진다. 말하기가 되면 듣기 실력도 높아진다. 내가 말할 수 있는 문장은 잘 들리기 때문이다.

나는 영문학을 전공한 어머니 덕에 문법은 탄탄하게 배웠다. 이 시대의 한국 학생들이 거쳐 가는 『맨투맨』, 『성문 기본 종합 영어』 같은 참고서로 공부했다. 하지만 회화는 다른 문제였다. 아무리 문제집을 풀어도 실력이 좀처럼 늘지 않았다.

영어 회화에 자신감을 가진 것은 카투사로 입대해 소대 40명 중 유일한 한국인으로 근무하면서부터다. 처음에는 난감했다. 군대 용어도 낯설었지만 일상적인 표현도 생소하기는 마찬가지였다. 소대원들은 영어 교과서에 나오는 "안녕하세요. 오늘 하루는 어떠신가요(Hello. How are you)?" 같은 전형적인 문장을 쓰지 않았다. "별일 없지(What'up)?", "별일 없어. 그냥 쉬고 있어(Not much, just chillin)."처럼 못 들어본 표현을 썼다.

처음에는 단어들을 조합해 대충 알아듣고 생글생글 웃기만 했다. 그러다 일과 후 매일 영어 공부를 하기 시작했다. 영어를 못한다는 이유로 외톨이처럼 지내고 싶지 않았다. 당장 『Grammar in Use』라는 책을 펴놓고 일상 회화에 쓰이는 문장들을 달달 외웠다. 그리고 오디오북을 틀어놓고 원어민 발음을 따라 했다. 그렇게 하루 2~3시간씩 매일 큰 소리로 말하며 공부했다. 책상에서 일어날 때쯤에는 머리가 '핑' 하고 도는 게 느껴졌다.

그렇게 혼자 연습한 뒤에는 흡연장으로 가서 담배를 피우러 나온 미군에게 자연스레 말을 걸었다. 일상적인 대화를 하며 그날 외운 문장을 실제로 써보았다. 상대방이 내 말을 잘 알아듣고 반응하면 뿌듯했다. 내 말에 어떤 식으로 대답하는지 듣고 기억했다가 그 말을 따라 했다.

둘째, 모르는 것은 바로 찾아본다

모르는 단어가 있거나 말하고 싶은데 어떻게 말해야 할지 모르는 문장이 있다면 바로 사전을 찾아보거나 원어민 또는 바이링구얼(Bilingual)인 사람에게 물어 생생한 표현을 익힌다.

미군 부대에 있을 때부터 나는 전자사전을 끼고 살았

다. 모르는 단어가 나오면 그 자리에서 바로바로 전자사전을 검색해 본다. 요즘은 챗-GPT도 활용한다.

하지만 가장 좋은 건 원어민이나 바이링구얼인 사람에게 직접 듣는 것이다. 어떻게 말해야 할지 모르겠는 표현이 떠오르면 "이럴 때 어떻게 말해?"라고 묻고 바로바로 표현을 익힌다. 인터넷으로 검색할 수도 있지만 보통 한국에 없는 표현도 많아서 정확한 답을 얻기는 힘들다.

예를 들어 일본어에는 '코다와리(こだわり)'라는 표현이 있는데, 한국어로 번역하기에 까다롭다. 원래 뜻은 '필요 이상으로 신경을 쓰는 전문성, 집착, 고집, 자부심 등'인데, 여기에 일대일으로 상응하는 한국어 단어가 없다. 또 영어에는 '수고하셨습니다'라는 표현이 없다. 상황별로 여러 표현이 있지만 뉘앙스가 다르다. 이럴 때 바이링구얼인 사람에게 물어보면 맥락에 맞는 가장 정확한 표현을 배울 수 있다.

셋째, 외국어 노출 빈도를 늘린다

지금도 영어권 친구들과 만나면 나는 가끔 투명 인간이

된다. 문화도 다르고 언어 장벽도 있어서 그들의 대화를 따라가기 힘들다. 그래서 많은 한국 유학생이 한국인 친구들과 주로 어울린다. 하지만 외국어를 능숙하게 하고 싶다면 외국인 친구의 비율을 50퍼센트 이상으로 늘려 외국어를 쓰는 환경에 자꾸 노출되어야 한다. 원어민과 만날 수 있는 모임에 나가는 것도 방법이다. 말은 하는 만큼 익숙해진다. 문화에 익숙해지면 말도 잘 들린다.

나는 원어민과 대화할 상황을 어떻게든 만들었다. 군대 휴가 때도 집에 가지 않고 미군 친구들과 어울렸을 정도다. 군인에게 휴가는 어마어마한 의미를 지닌다. 휴가야말로 최고의 포상이기에 영혼을 파는 노력도 마다하지 않는다. 나는 카투사였기에 특별한 경우를 빼고는 주말마다 외박을 할 수 있었는데, 주말에도 미군 친구들과 시간을 보내기 위해 휴가를 자주 반납했다.

지금도 가능한 한 외국인과 많은 시간을 보내며 그들이 일상적으로 쓰는 어휘나 문장을 익히려 노력한다. 영어가 많이 서툴 때는 30분만 이야기해도 머리에 쥐가 났는데 함께하는 시간을 늘리다 보니 제한 시간이 2시간, 3시간으로 늘어났다.

그렇게 공부를 하던 어느 날, 드라마 〈프렌즈〉를 보다가 영어 대사가 다 들리는 경험을 했다. 자막 없이 드라마를 볼 수 있겠다 싶었다. 들뜬 나는 당시 영어 교사였던 어머니에게 자랑했다.

"나 영어 대사가 거의 다 들려!"

오만과 착각이었다. 영어 공부는 지금까지도 계속되고 있다.

STEP 2

실패

모든 경험은
데이터로 남는다

"나는 내가 실패하더라도 후회하지 않을 것을 알았다.
내가 후회하는 단 한 가지는 도전하지 않은 것이다."

제프 베이조스
Jeff Bezos

- 아마존 CEO

대학교수라는 플랜 A의 시작

박사과정은 흔히 전문가로서 자격을 증명하는 데 필요한 이력 정도로 여겨진다. 그러나 내게는 한계를 뛰어넘는 극한의 훈련 그 자체였다. 조지아공대 박사과정은 처음부터 끝까지 매 순간 도전이었다.

짧은 시간 안에 최대치의 결과물을 뽑아내야 하는 미션이 계속 쏟아졌다. 도망치고 싶은 순간도 많았다. 하지만 아이러니하게도, 그럴수록 더 도망치기 싫어졌다. 언젠가 그랬듯 하나씩 맞닥뜨리며 해결하다 보면 어느 순간 벽 너머에 있을 것만 같았다.

박사과정을 거치며 내가 세운 마일스톤은 '대학교수가 되는 것'이었다. 박사과정과 박사 후 과정을 마치고 대학교수가 되어 연구를 이어나가는 것, 일단은 그게 플랜 A였다.

4일 연속 깬 상태로 일하다

박사과정에 입학한 지 1년쯤 지났을 무렵, 우리 연구실은 졸업 선배가 다니는 텍사스 인스트루먼트로부터 연구비를 지원받았다. 산학협력 차원에서 무료로 반도체 회로 시제품 생산을 지원해 준 것이다. TSMC 같은 파운드리 회사에 비용을 지불하고 이용하면 수천만 원에서 1억 원이 들었을 공정 기술을 무료로 사용한 셈이었다. 외부에서 연구비를 받아 오기 위해 백방으로 뛰어다니며 고생하는 교수님과 우리에게 매우 좋은 기회였다.

하지만 문제가 있었다. 기존에 TSMC 공정으로 설계해 둔 회로를 전부 텍사스 인스트루먼트의 공정에 맞춰 재설계해야 했다. 늘 그렇듯 마감 일정은 매우 빡빡했다. 제한된

기한 안에 새로운 회로도 설계하고 반도체 도면까지 그려
야 했다. 하필 회로설계 마감일은 지도교수님이 학회장으
로 있는 바이오 메디컬 회로 및 시스템(BioCAS) 학회가 열
리던 날이었다. 연구실에서 회로설계를 하다 말고 학회로
몰려가 각종 지원 업무를 하고 행정 처리까지 도와야 했다.

학회 당일까지 4일 연속으로 집에도 못 가고 연구실 책
상에 앉아 회로설계에 집중했다. 시간은 없고 할 일은 많아
잠도 잘 수 없었다. 아주 잠깐 나도 모르게 졸다가 허겁지겁
깼다. 너무 놀라서 옆자리 한국인 선배에게 물었다.

"깜빡 잠들었는데, 저 얼마나 잤어요?"

"한 5분 졸았나?"

고등학생 때 매일 수업 시간에 졸아서 혼날 정도로 잠
이 많았는데, 마감 버프를 받은 것인지 그때는 4일이나 뜬
눈으로 버텼다. 그 상태로 일하니 평소였으면 금방 끝냈을
문제도 쉽게 풀리지 않아 자주 버벅거렸다. 체력과 정신력
의 한계였다. 포기할 에너지조차 없을 지경이었다. 그렇게
극한의 상황에서 잠도 못 자고 일한 나와 동료들은 기어코
마감일에 맞춰 반도체 회로 시제품 생산을 완수했다. 그야

말로 정신력의 승리였다.

한계를 넘어선다는 것은 언제 결승점에 도달할지 모르는 마라톤과 같다. 결승점이 보이면 지금 느끼는 고통이 결국 끝난다는 걸 확실히 알기에 어떻게든 버틴다. 하지만 결승점이 보이지 않으면 고통이 영원히 이어질 것만 같아 작은 시련도 훨씬 크게 느껴진다. 그렇게 견디는 힘이 약해져 포기의 유혹에 쉽게 넘어간다. 내게는 박사과정이 딱 그랬다.

이때 나를 버티게 한 건 무엇이었을까. 그동안 내가 쌓아온 경험이었다. 도쿄대에서 무기력감에 휩싸여 3주간 기숙사 방에 처박혀 있다가 탈출한 끝에 인생의 최종 목표를 얻은 경험, 삼성전자에서 풀리지 않는 문제를 몇 날 며칠이나 끌어안고 고민하다가 결국 해결해 낸 경험, 4일이나 잠도 못 자고 극한의 상황에서 끝내 프로젝트를 완수한 경험이었다.

지금의 이 경험 또한 앞으로 더 큰 시련에 부딪혔을 때 버티는 힘이 되어줄 거라는 확신이 들었다. 돈으로 살 수 없는 경험이었다.

드디어 박사가 되던 순간

그렇게 5년의 시간을 보내고 박사과정을 마칠 무렵 나는 또 다른 한계에 도전했다. 스탠퍼드대 박사 후 연구과정에 지원한 것이다. '대학교수'라는 플랜 A를 이루기 위한 또 하나의 마일스톤이었다.

하지만 박사 후 연구원은 어떤 면에서 박사과정보다 구하기 어려운 자리였다. 박사과정은 대학의 각 학과에서 매해 수십 명씩 선발하지만 박사 후 연구원은 교수가 필요할 때 제각기 고용하는 형태이기 때문이다.

전기공학 분야에서 조지아공대보다 공식적으로 순위가 높은 학교는 네다섯 개였고 나와 비슷한 연구를 하는 연구실은 두세 개밖에 없었다. TO가 있는지도 알 수 없었다. 플랜 B가 필요했다.

나는 박사 후 연구원을 준비하는 한편 플랜 B로 빅테크 기업에 인턴십을 지원하고 플랜 C로 스타트업을 준비했다. 그리고 수많은 지원과 거절 끝에 애플에 합격했다. 2019년부터 4개월간 인턴으로 일했다.

실리콘밸리에서 인턴 생활을 마친 나는 애플에 정규직으로 입사 지원을 하는 대신 다시 박사 후 연구원 준비를 이어나갔다. 일단 졸업 논문을 심사받고 박사과정을 졸업하기 위해서 애틀랜타로 돌아갔다.

박사 졸업 논문 심사의 원래 취지는 학생이 심사위원들의 질문에 논리적으로 답변하면서 연구 결과의 타당성을 증명하는 것이다. 하지만 심사 단계까지 온다는 것은 이미 지도교수가 해당 학생의 졸업을 보증하는 셈이기에 사실상 합격이나 다름없다. 학생을 공격하는 건 그의 지도교수를 공격하는 것이나 마찬가지이기 때문이다. 그래서 실제 졸업 논문 심사는 학생이 자신의 연구 결과를 수십 명의 청중 앞에서 발표한 뒤 졸업을 축하받고 교수들에게 향후 커리어에 대해 조언을 듣는 자리였다.

그런데 나는 심사받는 동안 당황해서 이 사실을 잊어버렸다. 교수의 조언을 방어한답시고 맞선 것이다. 그냥 "좋은 아이디어 주셔서 감사합니다"라고 말하면 그만이었을 교수의 의견에 구구절절 근거를 들며 답변했다. 열정적인 토론이 이어졌다. 스스로 무덤을 파고 스스로 빠져나오느라 진땀을 뺐다.

그렇게 45분의 발표와 15분간의 청중 질의응답과 1시간 이상의 비공개 질의응답을 무사히 통과했다. 지도교수가 말했다.

"축하합니다, 연 박사."

5년간의 고된 박사과정 끝에 들은 첫 마디였다. 내 이름에 드디어 '박사(Dr.)'가 붙는 순간이었다.

인생은 진짜 타이밍

대학교수를 지원할 때는 일반적으로 '포닥(Postdoctoral fellow)'이라고 불리는 박사 후 연구원 수련 과정을 거친다. 박사과정에서는 보통 하나의 연구 프로젝트를 전담해 졸업할 때까지 수행하는 반면, 박사 후 연구원은 계약기간이 1~3년으로 짧기 때문에 하나의 프로젝트를 전담하기보다 여러 개의 프로젝트를 돕고 연구 보조금 제안서 등을 작성한다.

전공 분야마다 다르지만 흔히 명문대라 불리는 곳에서

박사 후 연구원 자리를 구하기는 쉽지 않다. 명문대 교수들은 세계 방방곡곡에서 수백 명의 지원 메일을 받지만 연구실별로 한 해에 고용하는 인원은 아예 없거나 많아 봐야 한두 명 정도라 경쟁이 매우 치열하다. 대기업 지원도, 교수 지원도 그렇지만 박사 후 연구원 지원에서는 특히 타이밍이 중요하다. TO가 있으면 찔러보기라도 하는데, 그렇지 않으면 찔러볼 수조차 없다.

나는 다섯 개 학교의 교수 열일곱 명에게 메일로 이력서를 보냈고 그중 다섯 명에게 답장을 받았다. 한 명은 안식년을 보내며 스타트업에 전념하고 있어 TO가 없다고 했고, 두 명은 TO는 없지만 펠로십(fellowship)으로 지원금을 받아 오면 받아주겠다 했고, 다른 한 명은 당장은 TO가 없지만 나중에 생기면 연락을 준다고 했다. 겨우 한 명의 교수만 TO가 있다며 긍정적으로 연락이 와서 바로 면접 일정을 잡았다. 1지망으로 희망하던 스탠퍼드대였다.

1차 면접은 박사과정 연구에 대한 화상 콘퍼런스 방식으로 진행했다. 반대편에는 교수와 연구실 박사과정 학생들, 박사 후 연구원들이 참석해 있었다. 발표가 끝나고 질의

응답을 했다. 교수와 연구실 팀원들 중에 반대하는 사람이 없으면 2차 면접으로 넘어가는 방식이었다.

그런데 운이 좋았는지 10일쯤 뒤 교수로부터 비공식적인 합격 통지를 받았다. 추가 면접 없이 가장 빨리 합류할 수 있는 날짜를 알려 달라며 말했다.

"현재 해당 직책을 마련하기 위해 프로젝트 일정을 조율하고 있습니다."

공식적인 합격 메일을 받기까지 8개월이 걸려서 그 전까지 불안에 떨어야 했지만, 그렇게 결국 가장 바라던 스탠퍼드대에 박사 후 연구원으로 들어가게 되었다.

안전하게 성장하는 전략

미국은 대기업뿐만 아니라 박사과정이나 박사 후 연구원에 지원할 때도 네트워크가 중요하다. 지원하는 연구실의 교수와 안면이 있거나, 박사 지도교수가 업계에서 평판이 좋거나 이름 있는 학회에 소속되어 있으면 박사 후 연구원 지원에 유리하게 작용한다.

그래서 보통 박사과정을 마친 학교에 박사 후 연구원으로 입학하는 것이 다른 학교로 지원하는 것보다 훨씬 더 수월하다. 지도교수의 입장에서는 5년이나 손발을 맞춰 친숙한 데다 연구실 사정도 잘 아는 박사과정 학생을 고용하는 게 연구실 운영의 연속성 측면에서 편하기 때문이다.

그리고 같은 학교의 다른 교수들도 본인들이 가까이서 지켜보며 연구 능력을 어느 정도 검증한 학생을 고용하는 것이 위험 부담을 안고 다른 학교에서 데려오는 것보다 안정적인 선택이라고 생각한다. 박사과정을 무리 없이 마쳤다면 모교에서 박사 후 연구원 자리를 얻기는 그리 어렵지 않다.

하지만 나는 박사과정을 공부한 조지아공대 대신 스탠퍼드대를 지망했다. 전기공학 분야에서 조지아공대보다 공식적으로 순위가 높은 곳에서 지금까지 해온 연구를 이어가고 싶었기 때문이다.

커리어 선택에서 내가 원하는 건 단 하나다.
반드시 성장하는 것.

그래서 언제나 안전한 길보다 도전적인 길을 골랐고, 설령 실패해도 멈추지 않고 다음 스텝을 밟을 수 있도록 선택지를 수없이 만들었다. 이제 스탠퍼드대 박사 후 연구 과정이라는 또 다른 세상에서 새로운 성장의 기회를 발견할 차례였다.

오일 머니를 포기한 이유

　스탠퍼드대에서 박사 후 연구 과정을 시작한 지 1년쯤 되었을 때 교수직을 지원하기 위해 미국 대학 위주로 리스트업을 시작했다. 박사과정을 마치고 회사에 입사 지원한 적은 많아서 어떻게 준비할지 감이 잡혔는데 미국에서 대학교수가 된 경우는 주변에 거의 없어서 막막했다. 어디서부터 시작할지 몰라 아는 사람을 수소문하다가 마침 교수로 임용된 인도인 친구가 있어 조언을 구했다.

　"교수로 임용되는 특별한 방법이 있니?"

"별거 없어. 그냥 될 때까지 최대한 많이 지원해서 확률을 높여."

교수직 임용에서 내 전공 분야에 딱 맞는 채용 공고가 뜰 확률은 거의 없으니 일단 지원서를 최대한 많이 뿌려야 한다는 말이었다. 여기저기 두드리며 선택지를 늘리는 건 내가 가장 잘하는 일이었다. 용기를 내 지원서를 작성하기 시작했다. 당시 한국에 머물고 있던 나는 2개월간 호텔과 부모님의 집을 오가며 연구계획서와 강의계획서, 이력서, 논문 실적, 다양성 포용에 대한 에세이 등을 준비했다.

거절할 수 없는 조건

그러던 어느 날, 사우디아라비아의 어느 대학 학과장에게서 링크드인으로 연락이 왔다. 교수를 임용하려는데 추천할 만한 박사 후 연구원이 없냐는 것이었다. 반가운 마음에 나도 열심히 지원 중이라고 답했더니 학과장은 바로 화상 미팅을 제안했다.

미팅 결과는 긍정적이었다. 그는 자신이 찾던 전공자

라면서 교수직에 지원하라고 권유했다. 전 세계 이곳저곳을 돌아다닌 나에게도 중동은 생소한 나라여서 망설여졌다. 하지만 매우 우수한 학교였고 미국 명문대 교수들도 많이 이직한 곳이라 호기심이 생겼다. 지원서를 열심히 준비해 제출했다.

몇 주 후 다시 연락이 와 면접을 보게 되었다. 한창 코로나19로 재택근무를 하던 기간이라 화상 면접으로 대체했다. 사우디아라비아 시간에 맞춰 밤부터 새벽까지 두 번의 세미나 발표를 하고 매일 8시간씩 3일간 면접을 봤다. 생각보다 반응이 좋았다. 두 달 뒤 합격 통보를 받았다.

학교에서 계약서를 보내왔다. 검토해 보니 조교수의 연봉이라기에는 터무니없이 큰 금액이 적혀 있었다. 사우디아라비아는 소득세가 없어서 실수령액으로 따지면 실리콘밸리 엔지니어 연봉의 두 배는 될 것 같았다. 더욱 놀라운 것은 연구비였다. 보통 대학교수로 임용되면 스타트업 패키지라는 연구비를 받는데, 금액이 미국의 두 배 이상이었다. 연구 장비를 사거나 박사과정생, 박사 후 연구과정생을 고용해 연구실로 꾸리는 데 쓸 돈이었다.

흔히 교수라고 하면 학생을 가르치는 사람이라고 생각하지만 사실 공대 교수는 연구실이라는 비영리 연구기관을 운영하는 CEO와 비슷하다. 그래서 주 업무 중 하나가 연구를 진행하는 데 필요한 자금을 조달하는 것이다. 이 자금은 학생과 스태프들을 위한 월급과 연구비로 쓰인다. 그런데 이 사우디아라비아의 학교에서는 연구비를 외부에서 받아올 필요가 없었다. 매년 상당한 액수를 학교에서 제공해 연구에만 집중할 수 있는 환경이 만들어져 있었다.

금전적인 보상과 혜택은 만족스러웠지만 앞으로 최소한 몇 년 이상을 살아야 할 곳이니 직접 봐야 결정할 수 있을 것 같았다. 평소 남들에게 부탁을 못 하는 성격이지만 그래도 인생이 걸린 문제였기에 학과장에게 메일을 보내서 학교를 먼저 보고 싶다고 말했다. 학과장 비서는 일등석 항공권을 보내주었다.

머물 것인가, 떠날 것인가

미국 실리콘밸리에서 사우디아라비아까지는 정말 멀었

다. 카타르에서 경유해 거의 20시간을 이동했다. 공항에 내리니 얼굴까지 가리는 전통 의상 아바야를 입은 여자들과 하얀색 토브를 입은 남자들이 가득했다. 마중 나온 학교 관계자와 함께 외교관 통로로 빠르게 빠져나왔다.

공항에서 학교까지 차로 또 한 시간을 이동했다. 한밤중에 도착한 학교 입구는 무장 경비들이 지키고 있었다. 입구를 통과하고도 또 한참을 이동해 학교 안에 있는 호텔에 도착했다.

다음 날 아침에 본 학교는 매우 인상적이었다. 홍해 바로 옆에 있는 캠퍼스는 황량하지만 아름다웠다. 마치 사막 한가운데 홀로 빛나는 오아시스 같았다.

일정은 매우 빠르게 진행되었다. 아침부터 전기공학과와 바이오메디컬학과의 모든 교수를 한 명씩 만나고 저녁에는 매일 교수들과 만찬을 했다. 교수들과 이야기하는 시간은 정말로 즐거웠다. 어떤 연구를 하고 싶은지, 어떤 주제로 협력하면 좋을지 대화를 나누는 동안 잃어버렸던 연구혼이 되살아나 시간 가는 줄 모르고 떠들었다. 학교의 대접은 정말로 훌륭했다. 학교에서 교수에게 제공하는 80평가

량의 맨션도 보고, 저녁에는 요트를 타고 홍해에 나가 만찬을 즐기기도 했다. 더할 나위 없이 융숭한 대접을 받았다.

하지만 호텔 방 침대에만 누우면 한 가지 고민이 머릿속을 떠나지 않고 맴돌았다.

'내가 과연 여기서 혼자 살 수 있을까?'

살려면 살 수도 있겠지만 결혼과 같은 인생 계획도 고려해야 했다. 이곳에서 가족을 이루고 산다면 육아, 집세, 교육에 대한 걱정이 줄어서 좋겠지만 혼자 살기에는 힘들 것 같았다. 무엇보다 사막 한가운데의 멋들어진 학교에서 학생들을 가르치며 돈 걱정 없이 연구만 하는 삶은 내가 그리던 인생이 아니었다. 아직 머물고 싶지 않았다. 결국 나는 사우디아라비아 대학의 교수직 제안을 거절했다.

9년간 준비한 플랜 A를 버리다

조지아공대에서 박사과정을 마치고 스탠퍼드대에서 박사 후 과정을 공부하는 내내 나의 플랜 A는 대학교수가 되는 것이었다. 석사, 박사과정과 박사 후 과정을 거치며 장장 9년을 교수가 되기 위해 준비했다.

하지만 막상 박사 후 과정을 마칠 때쯤이 되자 다시 고민이 깊어졌다. 교수로서의 길을 간다면 당장 내가 하고 싶은 연구를 계속할 수 있지만 경제적으로 넉넉하지 않고 정년을 보장받기까지 처음 몇 년간은 주말도 없이 바쁜 삶을 살아야 했다.

경제적 기회비용도 컸다. 박사과정은 보통 장학금, 수업조교와 연구조교 형태로 수업료와 최대 주 20시간 근무에 해당하는 월급이 지원되고 박사 후 연구원은 연봉이 지급되는데 그 금액이 상당히 적다.

'대학교수로 만족할 수 있을까?'

답은 부정적이었다. 후회가 남을 것 같았다. 하지만 박사 후 연구원이 되기까지 많은 것을 포기하면서 시간을 투자한 상태였다. 박사과정 5년과 박사 후 연구원 2년을 경제적 기회비용으로 환산하면 미국 실리콘밸리 기업 세전 연봉 기준으로 20억 원 정도 손해다. 당시에는 스탠퍼드대 박사 후 연구원이 되기를 간절히 원했고 그만큼 부단히 노력해 들어가는 데 성공했지만, 많은 것을 포기한 선택이었다. 빅테크 기업의 높은 연봉과 주식도, 대기업으로부터 성공적으로 투자유치를 한 스타트업에 합류할 기회도 포기했다. 플랜 A를 끝까지 밀고 갈 것인가, 포기할 것인가. 다시 선택의 기로에 섰다. 나는 결국 대학교수가 되기 위해 9년간 걸어온 길을 포기했다.

성공과 실패를 가르는 선택의 힘

플랜 A를 포기하면서 결국 스탠퍼드대에 박사 후 연구원으로 입학한 것은 지금까지의 커리어 선택 중에서 가장 효용성이 낮은 일이 되어버렸다. 실패라면 실패였다.

하지만 후회하진 않았다. 비록 대학교수의 길을 포기하면서 스탠퍼드대 박사 후 연구원 경력은 매몰비용이 되었지만, 덕분에 대학교수 예비과정 생활을 체험하면서 현실을 깨닫고 다른 목표를 상상할 수 있었다. 오랫동안 갇혀 있던 사고의 틀을 깬 것이다. 실리콘밸리에서 활약하는 빅테크 엔지니어, 스타트업 창업자 등 다양한 사람을 만나 성장에 꼭 필요한 네트워크를 쌓은 것도 큰 수확이었다.

긴 고민 끝에 나는 새로운 마일스톤을 설정했다. 빅테크 기업에 취직하기로 결심한 것이다. 박사과정 때 인턴으로 일한 애플에 정규직으로 지원했다. 플랜 B였다.

공부 재능을 가진 사람은 세상에 정말 많다. 서울대에 다닐 때도 천재를 많이 봤다. 스탠퍼드대를 비롯한 미국 캘리포니아 베이 지역에는 전 세계에서 천재라고 불리는 사람들이 모인다. 하지만 모두가 사회적 성공은 거두는 것은 아니다. 전혀 빛을 보지 못하는 사람도 많다.

나는 이 차이가 선택 능력에서 생긴다고 생각한다.
어떤 선택이 나를 성장시킬지 알아채는 능력이다.
똑똑한 사람은 공부를 잘하거나
지능이 높은 사람이 아니라 선택을 잘하는 사람이다.

다윈의 진화론에 따르면 생명체의 형태와 기능은 환경에 적응하며 어떤 선택을 하느냐에 따라 확연하게 달라진다. 살아 있는 화석이라 불리는 고대 어종 실러캔스처럼 진화를 멈추고 3억 년이 지난 과거의 형태를 그대로 보전하는 생명체도 있지만, 진화를 거듭하여 먹이사슬의 최상위 포식자가 된 인류도 있다.

커리어 선택도 마찬가지다. 대부분은 사회적 안정이 어느 정도 보장된 환경 안에서의 성장을 원한다. 대표적으로 안정된 직장에서 일하는 경우다. 경제적 보상이나 커리어적 성장이 어느 정도 예측 가능하다. 하지만 타인이 만든 제도 안에서 능력을 최대치로 끌어내기란 쉽지 않다. 어떻게 하면 성장을 위한 선택을 잘할 수 있을까?

다른 길을 상상하는 연습

선택을 잘하려면 선택지부터 만들어야 한다. 자신의 결정을 후회하는 사람에게 왜 그런 선택을 했냐고 물어보면 이렇게 말하곤 한다.

"선택지가 없었어."

하지만 과연 그럴까. 선택지는 언제나 있다. 선택지가 없다고 느껴지는 것은 자신의 호불호나 스스로 정한 여건에 따라 선택지를 제한하기 때문이다.

어렵게 회사에 취업했는데 막상 다녀보니 적성에 맞지 않고 불합리한 제도 때문에 괴로워도 다른 선택지가 없다고 생각하며 그냥 다닌다. 하지만 실제로는 선택지가 없는 것이 아니라 통상적으로 최선이라고 여겨지는 선택을 한 것이다. 경제적 안정성, 울타리를 벗어난다는 두려움, 새로운 도전에 대한 두려움, 대중심리 등 이유는 많다.

하지만 최선이라고 생각했던 선택이라도

후회된다면 시야를 넓혀

다른 선택지를 알아봐야 한다.

이때 필요한 것이 플랜 B다.

선택지를 다양하게 만들면 네 가지 무기가 생긴다. 첫째, 예상치 못한 위기에 플랜 A가 실패해도 무너지지 않고 상황에 유연하게 대처할 수 있다. 길이 하나뿐이라고 생각하면 그 길이 막혔을 때 쉽게 무너진다.

둘째, 내가 진짜 원하는 길을 찾을 수 있다. 이것저것 시도하고 경험하며 데이터를 쌓아나가는 것이다. 언젠가 플랜 A만 바라보며 내달리는 순간이 올 수도 있다. 하지만 나를 설레게 하는 삶의 목표는 어느 날 갑자기 하늘에서 뚝 떨어지지 않는다.

셋째, 이상과 현실의 괴리를 줄이며 새로운 기회를 만들 수 있다. 머릿속으로 상상만 하며 그린 플랜 A는 사실 막연한 이상일 가능성이 크다. 필연적으로 실패할 계획인 것이다. 실패한 경험을 데이터 삼아 플랜 B, 플랜 C를 실행하다 보면 성공할 가능성이 훨씬 높아진다.

넷째, 면접에서도 협상력이 높아진다. 다른 선택지가 얼마든지 있기에 자신감을 가지고 대응하며 쉽게 위축되지 않는다.

석사과정에서 나는 플랜 A와 B를 동시에 연구했다. 그리고 플랜 B 연구 주제인 무선 충전 반도체 회로설계로 졸업했다. 플랜 A 연구가 잘 진행되지 않아 동기부여를 잃은 뒤에는 새로운 진로를 찾았다. 장소로는 플랜 A가 일본, 플랜 B가 한국, 플랜 C가 미국이었고, 직군으로는 플랜 A가 금융, 플랜 B가 컨설팅이나 기술영업, 플랜 C가 연구개발이었다.

하지만 2011년 동일본 대지진이 일어나면서 플랜 A였던 일본을 포기했고 삼성전자 연구직으로 입사하면서 장소는 플랜 B에 직군은 플랜 C를 선택했다. 그리고 무선 충전 반도체 회로설계라는 플랜 C로 미국에서 박사 후 연구과정까지 마쳤다. 플랜 A는 없었다.

선택지를 만드는 작업은 쉽지 않다. 하지만 모든 일이 그렇듯 반복하다 보면 나중에는 점점 더 익숙해진다.

능숙하게 선택지를 만드는 근력이 생길 때까지

한 자리에 머물지 않고

다른 길을 상상하는 연습이 필요하다.

세상에 몸이 편안한 운동은 없다.

자기 객관화와 테스트런

똑똑한 선택에는 두 가지 전략이 필요하다. 첫째는 자기 객관화이고, 둘째는 테스트런이다. 자기 객관화로 선택의 기준을 마련하고 테스트런으로 선택의 효용성을 검증한다. 일단 자기 객관화는 자신을 끊임없이 비난하는 과정이 아니다. 타인과 비교하며 평가하는 것도 아니다. 자신만의 기준과 목표를 가지고 장단점을 분석하되 스스로를 포장하지 않고 객관적으로 바라보는 게 핵심이다.

도구로는 스왓(SWOT) 분석이 유용하다. 스왓은 강

점(Strength), 약점(Weakness), 기회(Opportunity), 위협(Threat)의 줄임말로, 시장 분석을 위한 마케팅 도구지만 개인의 능력과 상황, 그리고 잠재적 문제를 파악하는 데도 유용하다. 사분면을 그린 뒤 왼쪽 상단에 강점을, 오른쪽 상단에 약점을, 왼쪽 하단에 기회를, 오른쪽 하단에 위협을 적는다. 이렇게 정리하면 내 능력과 내가 처한 상황을 한눈에 파악할 수 있다.

선택지를 만드는 법

대학교수라는 플랜 A를 버리고 실리콘밸리 빅테크 입사를 준비할 때도 나는 자기 객관화 과정을 거쳤다. 우선 나의 강점, 약점, 기회, 위협을 사분면에 적으며 스스로를 돌아봤다.

그리고 객관적으로 파악한 내 능력과 상황을 기준으로 세 가지 선택지를 만들었다. 첫째, 안정적으로 고수득을 얻을 수 있는 실리콘밸리 대기업 입사, 둘째, 수익은 적지만 하고 싶은 연구를 마음껏 할 수 있는 교수 임용, 셋째, 위험

강점	약점
많은 아이디어 빠른 실행력 멀티태스킹 안정적인 협업 스타일 다양한 네트워크	일을 잘 벌이는 성향 세심하지 못한 일처리 과감한 결정을 회피 사소한 일에 무관심 은근히 게으름
기회	위협
실리콘밸리 빅테크 경험 안정적인 수익 창출 미국 밖에서의 교수 임용	오랜 학업으로 고갈된 자본금 늦어지는 결혼 새 지역에서의 정착 비용

부담이 따르지만 보다 자주적으로 일할 수 있는 스타트업 창업이었다.

스왓 분석은 크게 강점(S)과 약점(W)이라는 통제 가능한 내부적 요인과, 상대적으로 통제하기 어려운 기회(O)와 위협(T)으로 나뉜다. 이를 토대로 선택 전략은 네 가지를 만들 수 있다.

9년이라는 시간을 쏟아부으며 준비한 플랜 A를 버린 시점에서 나는 약점을 보완하기 위해 시간을 더 허비하기보다 내가 가진 기회를 잡으면서 위협을 최소화할 필요가 있다고 판단했다. 그래서 강점을 활용해 기회를 찾고 위협을 최소화하는 1, 2번 전략을 함께 쓰기로 했다.

첫 번째 선택지인 대기업의 경우 아이디어를 구현하기까지 많은 설득 과정을 거치고, 기존 사례들과 기존 사업의 시너지 등을 꼼꼼히 확인해야 한다. 그만큼 결정은 느리지만 해야 할 일이 많아서 실행력이 좋아야 하고 멀티태스킹에도 능숙해야 한다. 또한 여러 부서와 일해야 하니 안정적인 협업 능력이 필요하고 회사 내부의 네트워킹이 중요하다. 성과 면에서는 약간의 아이디어만 있어도 두각을 나타

전략 1	SO
기회를 잡기 위해 강점을 사용하는	
전략 2	ST
위협을 회피하기 위해 강점을 활용하는	
전략 3	WO
약점을 보완하고 기회를 활용하는	
전략 4	WT
약점을 보완하고 위협을 최소화하는	

낼 수 있다.

두 번째 선택지인 교수직이나 세 번째 선택지인 스타트업은 의사결정 체계가 간단하고 결정이 매우 빠르다. 다만 투자를 유치하기 위해 외부 네트워킹이 필요하고, 여러 아이디어를 빠르게 실행해야 하니 멀티태스킹 능력과 실행력이 필요하다. 내 강점을 가장 잘 활용할 수 있고 앞으로 시장을 리드할 기회가 될 선택임은 분명해 보였다.

하지만 실리콘밸리 대기업에 입사한다면 세계 최고의 테크 기업에서 업무 경험을 쌓으면서 안정적으로 고소득을 창출할 수 있다. 오랜 학업으로 고갈된 자본금도 충당할 수 있고 결혼을 위한 기반도 마련된다. 결국 나는 대기업 입사를 선택했다.

선택을 검증하는 법

선택지를 골랐다면 실제로 나에게 얼마나 잘 맞을지 검증해야 한다. 두 번째 전략, 테스트런 과정이다. 테스트런이란 제품이나 서비스를 정식으로 출시하기 전 제한된 시간

동안 시험하며 테스트 데이터를 쌓고 이를 통해 안전성, 성능 등을 확인하는 과정이다. 이 과정을 거치면 새로운 계획의 실현 가능성과 안정성 여부를 확인할 수 있다.

대기업에서는 새로운 제품을 론칭하기 전에 반드시 테스트런을 실행한다. 리스크를 피하기 위한 방법이다. 기존의 잘 팔리던 제품에 아이디어를 약간 더하는 식으로 변화를 줘도 대규모 리콜 사태와 같은 엄청난 역효과가 날 수 있다. 이러한 리스크를 줄이려면 테스트런을 여러 번 거쳐 새로운 아이디어가 시장에 긍정적으로 작용할지 미리 검증해야 한다.

개인의 선택에서도 마찬가지다.

뒤늦게 후폭풍을 맞고 당황하지 않으려면
어떤 선택이든 테스트 데이터로
미리 검증해야 한다.
그래야 선택의 리스크를 줄일 수 있다.

대기업 입사를 결심하고 기업을 선택할 때는 인턴십이

라는 테스트런 과정을 거쳤다. 팀마다 다르긴 하지만 미국의 대기업 인턴은 정규직과 동등하게 일하거나 오히려 더 많이 일하는 경우가 종종 있다. 나 역시 업무량이 많은 기업에서 인턴십을 했는데 바쁜 삶에 익숙해서인지 금방 적응했고 성취감이 커서 오히려 만족스러웠다. 조직에 잘 적응한다는 점, 내가 성과를 낼 수 있는 환경이라는 점을 인턴십을 통해 확인했다.

교수직은 박사 후 연구원으로 있을 때 새로운 연구를 제안하거나 외부에서 연구 과제비를 받아 오는 성과를 내면서 잘할 수 있겠다는 확신이 들었다. 하지만 교외에 있는 대학교를 탐방하면서 대도시에 있는 대학이 아니면 생활하기 힘들겠다는 결론을 내렸다.

스타트업 창업은 내 궁극적 목표인 '사람들의 삶을 편리하게 만드는 것'에 가장 부합하는 일이었다. 동기부여가 확실히 될 것이라 판단했고 개발이나 생산에도 자신이 있었다. 한 가지가 확실하지 않았는데, 바로 투자 가능성이었다. 그래서 지인을 통해 한국에서 벤처 투자자를 소개받고 내가 가진 아이디어와 나라는 사람의 시장 가치를 평가받았다. 반갑게도 실제로 투자하겠다는 확답을 받으며 실현 가능성을 확인했다. 하지만 아이디어를 구현하고 수익을 실현하는 데 너무 긴 시간이 들었다. 아직은 시기상조라는 생각에 포기했다.

자기 합리화의 함정

문제 인식은 모든 성장의 시작이다. 현재 상황을 정확히 파악하고 그중에서도 목표 달성에 위협이 되는 요소나 나의 약점을 인지해야 한다. 그래야 당장 해결해야 할 과제를 명확하게 이해할 수 있다. 자신의 약점, 외부 요인에 대한 취약성, 현재의 제약 요소를 파악해 개선할 영역을 발견하는 것이다.

대부분은 스스로를 객관화하기 힘들어한다. 그 대신 자기 합리화를 한다. 문제 상황에 놓였음에도 "나는 행복해", "곧 괜찮아질 거야", "난 잘하고 있어"와 같이 끊임없이 자기 암시를 하며 위로한다. 멘털 관리를 위한 방어기제는 어느 정도 필요하지만 자기 합리화는 현실을 개선해 주지 않는다. 문제를 객관적으로 평가하고 분석해야 역량을 키울 수 있다. 그리고 스스로의 부족함이나 문제 상황을 인정하는 것이 자기 암시를 통한 위로보다 궁극적인 마음의 평안을 준다.

나는 무언가를 선택한 뒤에 반드시 책임을 진다.
고집스레 무조건 밀고 나가는 것이 아니다.
옳은 선택이라고 판단되면
목표를 달성할 때까지 나아가지만
그게 아니라면 빠르게 결단을 내리고 그만둔다.

그리고 자기 객관화와 테스트런을 거쳐 다시 새로운 선택지를 만든다. 그렇게 한층 더 발전된, 실현 가능성 높은 미래를 만든다.

한 우물만 파는 게 정답일까?

한 분야에서 오랫동안 일하면 확실한 보상이 주어진다. 1만 시간의 법칙이라는 말처럼 한 분야를 오랜 시간 깊게 파면 전문성이 강해지기 때문이다.

한 조직에 오랫동안 몸담는 경우도 마찬가지다. 오래 버티면 대부분 자연스레 직급이 높아지고 더 많은 권한이 부여된다. 업무에 필요한 관계가 이미 형성되어 있고 많은 정보를 보유하고 있기 때문에 조언을 구할 리더급이 될 수밖에 없다. 특히 실리콘밸리의 빅테크 기업은 대체로 정보가 파편화되어 있고 평균 근속연수가 2~3년밖에 되지 않아서 한 기업에서 오래 일한 터줏대감 같은 직원은 누구든 업무를 수행하기 위해서 먼저 만나야 할 사람이 되기 쉽다.

하지만 세상은 매우 빠르게 변하고 있다. 실리콘밸리의 시간은 더욱 빠르다. 일상의 풍경은 너무나 평온해 변화무쌍한 서울의 모습과는 거리가 멀지만, 항상 새로운 기술이 나와 사람들을 놀라게 한다. 테슬라와 같은 전기차는 이미 구시대의 산물처럼 일상이 되었고, 다양한 회사 로고를 단 자율 주행차들이 시내를 누빈다. 한때 세계적으로 관심을 모았던 구글 글래스는 이미 시장에서 퇴진했고, 챗-GPT라고 불리는 대규모 AI는 일상에 깊게 침투했다. 구글, 메타, 아마존 등 혁신의 아이콘으로 불리던 빅테크 기업들도 이제 수많은 대기업 중 하나가 된 지 오래다. 새로운 스타트업들이 새로운 기술을 가지고 시장에 진입하고 있다.

그만두기의 힘

이런 시대에 필요한 건 변화에 대응하는 유연함이다.

나는 석박사와 박사 후 연구원으로 10년 넘게 연구하던 분야를 뒤로하고 새로운 일을 찾아 나섰다.

하던 일을 그만두고 세상의 변화에 맞게 움직이려면 나만의 포트폴리오가 필요하다. 특히 엔지니어의 경우 빠른 기술 발전과 패러다임의 변화에 적응하는 게 중요하다. 그래서 나는 새로운 기술 트렌드를 계속 배우고 습득하며 포트폴리오를 업데이트해 왔다. 한 분야만 연구했다면 일에 능숙해져서 안정적으로 성장했을 것이다. 하지만 그 이상은 기대하기 어려웠을 것이다. 나는 지금도 분야를 넘나들며 언제든 경쟁이 치열하지 않고 시장이 커질 블루오션을 찾아 이동할 준비가 되어 있다.

성장한다는 것은 목표에 다가간다는 것이다. 한 번에 최종 목표를 달성하기는 어렵기에 마일스톤을 설정한다. 빠르게 목표를 이루는 사람은 정해진 타임라인에 따라 마일스톤을 잘 설정해 차질 없이 도달한다. 흔히 일을 잘하거나 공부를 잘하는 사람이 이 경우에 해당한다.

하지만 커리어 성장을 업무처럼 처리하면 금방 지치고 번아웃에 빠진다. 힘들면 잠시 멈춰 방향을 수정하고 온전히 자기 자신을 위한 길을 찾아야 한다. 극적인 성과를 낸 사람들의 성장곡선에 나를 맞출 필요는 없다. 속도가 느리더라도 생각의 끈을 끝까지 붙잡는다면 결국 원하는 목표를 이룰 수 있다.

지난 20여 년간 나는 한국, 일본, 미국에서 최고의 인재들을 만났다. 대부분 성장 욕구가 강하고 야망이 크다는 공통점이 있었지만 결과는 같지 않았다. 누군가는 목표를 이루고 또 새로운 목표를 세우며 승승장구했고 누군가는 반짝 빛을 보다가 조용히 사라졌다. 타인의 기준에 맞춰 타임라인을 설계하고 조급해하는 사람들의 결과는 후자였다.

돌이켜 보건대 내가 치열한 경쟁 속에서 살아남아 원하는 일을 찾고 성과를 낼 수 있었던 건 내 페이스대로 유연하게 살아왔기 때문이었다. 대학교수는 내가 계획한 커리어 성장곡선의 가장 큰 마일스톤이었지만 그조차 포기했다. 덕분에 실리콘밸리에서 새로운 꿈을 그려나갈 수 있었다.

사는 동안 언제 어떤 선택의 순간이 닥칠지 모른다. 내 안의 틀 밖으로 나와 최고의 선택을 하려면 항상 새로운 트렌드, 다양한 분야, 나와는 다른 사고방식에 열려 있어야 한다. 그러려면 투자 포트폴리오처럼 목표 비중을 나눠 나만의 커리어 포트폴리오를 만들어야 한다. 나는 새로운 분야에 관심을 두고 여러 연구 과제를 병렬적으로 운영하다가 그중에서 가장 아웃풋이 잘 나오는 분야에 집중한다. 그렇게 포트폴리오를 업데이트한다.

변화를 받아들이는 힘,

그리고 빠르게 포기하는 힘이야말로

성장의 한계를 잠금 해제하는 촉매제다.

목표를 이루는 데는 여러 방법이 있다.

하나의 길만 있는 것이 아니다.

미쉐린 레스토랑에 들어가는 세 번째 방법

뉴욕에서 미쉐린 등급을 받은 레스토랑에 들어가려면 어떻게 해야 할까? 여기에는 세 가지 방법이 있다.

첫째, 예약하고 순서가 올 때까지 대기한다. 몇 개월이든 몇 년이든 기다렸다가 날짜가 되면 방문한다. 긴 시간 동안 인내심 있게 기다린 만큼 성취감이 클 것이다. 끈기 있는 사람은 결국 목표한 바를 성취한다. 하지만 인고의 세월과 맛이 비례하진 않는다. 음식을 맛보기 전까지는 내 입맛에 맞는지도 알 수 없다. 몇 개월을 기다려 먹었는데 내 입맛에 맞지 않는다면 상실감도 크다.

둘째, 레스토랑 주인과 친해진다. 순서가 올 때까지 기다리는 대신 주인에게 부탁해 기회를 얻는 것이다. 예약 취소된 테이블을 얻는다거나 추가 테이블을 놓는 등 예외적인 상황은 언제든 만들어진다. 한국이든 미국이든 네트워크의 힘은 막강하다.

셋째, 내부자가 되어 뒷문으로 들어간다. 레스토랑에서 아르바이트로 일하며 기회를 얻는 것이다. '나는 그렇게까지 하고 싶진 않아'라고 생각한다면 첫 번째나 두 번째 방법을 쓰면 된다. 굳이 그 레스토랑이 아니어도 상관없다면 다른 곳을 가면 된다. 하지만 그 레스토랑에 꼭 가고 싶은데 마냥 기다리거나 네트워크를 활용하지 못하는 상황이라면 내부자가 되어 들어갈 수도 있다.

커리어 성장의 기회를 잡는 것도 마찬가지다. 회사든

학교든 반드시 들어가고 싶은 곳이 있다면 내부자가 되는 것이다.

스탠퍼드대에서 박사 후 연구원 생활을 할 때 화학과, 의과대학, 전기과 교수들과 공동연구를 진행한 적이 있다. 팀에 합류한 지 얼마 안 됐을 때 함께하는 자리에서 어느 중국인 학생의 연구 결과 발표를 들었다. 영어 발음도 좋고 연구 결과의 수준도 높아 보여 똑똑한 박사과정생인 줄 알았다. 그런데 발표가 끝나자 화학과 원로 교수가 그를 칭찬하면서 말했다.

"이렇게 똑똑한 친구는 스탠퍼드대에 꼭 입학해야 합니다."

알고 보니 그는 중국에서 자비를 들여서 방문 학생으로 온 학부생이었다. 원로 교수는 다른 동료 교수에게 말했다.

"나는 이 친구에게 입학 추천서를 써줄 건데 너희도 쓸 거지?"

놀라웠다. 이런 방법으로도 스탠퍼드에 입학할 수 있다는 걸 처음 깨달았다. 나는 '예약하고 기다리는' 첫 번째 방법으로 스탠퍼드대 박사과정에 지원했었다. 두 번째 방법인 네트워크를 만들기 위해 관심 있는 교수에게 따로 메일도 보냈지만, 입학 심사를 먼저 통과하라는 답변을 받고 다시 첫 번째 방법으로 돌아갔다. 결국 한참 뒤에 박사 후 연구원으로 스탠퍼드대에 들어가긴 했지만, 뒷문으로 들어가는 세 번째 방법을 알았다면 박사과정으로 더 빨리 입학했을지 모른다. 목표를 이루는 데는 정말 많은 방법이 있다.

모든 경기에서 이길 필요는 없다

　오랫동안 1순위로 생각해 온 목표를 바꾼 뒤 때때로 마음이 불안했다. 그때마다 '인생은 마라톤'이라는 명제를 떠올렸다.

　삼성전자 재직 시절 '사랑의 달리기' 행사에 참여한 적이 있다. 당시 신입은 음식과 맥주를 나르고 자리를 맡아야 했기 때문에 달리기에 참여하는 게 눈치 보였지만, 군대에서 3.2킬로미터를 12분대 기록으로 달렸을 만큼 달리기에 자신 있었기에 팀장이었던 전무님을 따라서 도전했다.

남자들은 군대에서의 기억으로 허세를 많이 부리는데 나 역시 마찬가지였다. 운동을 꾸준히 못했는데도 의욕만 앞서서 초반부터 선두로 치고 나갔다. 아니나 다를까, 출발한 지 얼마 지나지 않아 체력이 고갈되기 시작하더니 언덕길이 시작되었을 때는 숨이 가빠졌다. 결국 뛰는 것을 멈추고 걸을 수밖에 없었다. 얼마 지나지 않아 전무님이 뒤에서 달려오시며 한마디 했다.

"연평우, 젊은 놈이 체력이 왜 이 모양이야? 나보다 느리면 어떻게 해?"

50대 중후반이었던 전무님은 그 말을 남기고 저 멀리 앞서갔다. 뛰다 걷기를 반복하면서 결승점에 도달했을 때 전무님은 이미 결승점에 들어와 스트레칭을 하며 나를 기다리고 계셨다. 잘 뛴다고 호언장담했던 터라 나는 조금 머쓱해졌다.

나는 다른 사람들을 의식하고 나의 신체 능력을 과신해서 오버 페이스로 달린 반면, 전무님은 주변을 의식하지 않고 자신만의 달리기를 했다. 초반에 젊은 사람들이 치고 나가도 신경 쓰지 않고 평정심을 유지하면서 스스로 설정한 목표에 집중한 것이다.

이후로 나는 인생에서 경험하는 모든 경쟁을 마라톤으로 이해하기 시작했다.

살면서 맞닥뜨리는 모든 경쟁에서

매 순간 이길 필요는 없다.

장기적인 목표를 세워 자신만의 타임라인과

마일스톤을 정하고, 마일스톤에 도달했을 때

너무 느리거나 빠른 건 아닌지 확인하면 그뿐이다.

목표 달성까지 얼마큼 남았는지 점검하고 중간에 계획을 수정할 수 있는 융통성만 있으면 된다.

조급함을 다스리는 습관

마음이 조급해지면 자신을 다른 사람과 비교한다. 성공에 대한 강박, 실패에 대한 두려움, 다가오는 마감에 대한 압박감, 타인의 기대에 부응해야 한다는 생각 등으로 스스로를 괴롭히는 것이다. 나는 이럴 때 네 가지 방법을 활용해 조급함을 다스린다.

첫째, 매일 운동하며 체력을 키운다. 드라마 〈미생〉에는 몸의 체력이 어떻게 마음의 체력으로 이어지는지 보여주는 명대사가 나온다.

"체력이 약하면 빨리 편안함을 찾게 되고, 그러면 인내심이 떨어지고, 또 그 피로감을 견디지 못하면 승부 따위는 상관없는 지경에 이르지."

체력이 강할수록 조급함을 견디기 쉽다. 성장을 하는데 체력은 진부할지 몰라도 절대 빼놓을 수 없는 가장 중요한 요소다.

둘째, 산책이나 하이킹을 하면서 혼자만의 시간을 갖거나 어디론가 훌쩍 떠나 여행하면서 내면의 상태를 들여다본다. 나만의 목표를 설정하고, 스왓 분석과 같은 방법으로 자아 성찰을 하며 나를 객관화하는 것이다.

세상에 정해진 성공은 없다.
상대방을 나와 다른 개체로서

있는 그대로 받아들이면

나의 잣대로 상대방을 평가하거나

상대방의 잣대로 나를 평가하지 않는다.

나에게도 상대방에게도 너그러워질 수 있다.

셋째, 실패에 둔감해진다. 작은 실패를 자주 하다 보면 굳은살이 박이듯 아픔에 무감각해져서 실패로 인한 감정 소모가 줄어든다. 이때도 역시 플랜 B가 유용하다.

만약 회사에서 실수했다면 회사에서 일어나는 대부분의 실수는 조직의 시스템 문제에서 기인한다는 것을 인지한다. 개인의 실수로 조직에 손해를 끼쳤다면 그 사람의 잘못을 탓할 게 아니라 그런 상황에 대비하지 못한 시스템을 보완해야 한다. 일하면서 발생하는 모든 문제의 원인을 자신의 탓으로 돌리는 태도는 상황을 개선하지 못하고 마음만 병들게 할 뿐이다.

넷째, 한 번 사는 인생, 내 인생은 내가 책임진다. 삶은 타인을 위해서 사는 것이 아니다. 내가 지금 조급해하는 이유가 타인의 기대에 부응하려는 욕구 탓은 아닌지 가만히 살펴보자. 타인에게서 시작된 압박감은 내 몫이 아니다.

인생은 경쟁자 없는 마라톤이다.

속도도 성과도 내가 정한다. 경쟁에 흔들리지 않고 평정심을 유지할 때 비로소 나만의 레이스를 펼칠 수 있다.

일단 실행해야 보이는 것들

챗-GTP가 전 세계적으로 주목받으며 널리 알려진 딥러닝(deep learning)은 인간의 뇌 구조를 닮은 인공지능이 스스로 외부 데이터를 조합하고 분석해 결과를 내도록 학습하는 기술이다. 구체적이고 정확한 데이터가 많을수록 결과도 정확해지고 데이터가 불확실하면 결과도 부정확해진다. 부정확한 결과를 내는 데이터를 쓰레기 데이터(garbage data)라고 부른다.

사람도 비슷하다. 성공이든 실패든 구체적인 경험 데이

터가 많을수록 정확한 의사결정을 할 수 있다. 컴퓨터 공학에서는 이런 경험을 데이터셋(dataset)이라고 부른다. 경험이 많아도 잘못된 선택을 할 수 있는데, 데이터가 부정확하거나 외부 요인이 작용한 경우다. 다행히 사람은 인공지능과 달리 실행하면서 새로 얻은 데이터를 바로바로 업데이트해 다음 선택에 적용할 수 있다.

완벽한 선택은 없다

나는 대학 진학, 교환학생, 유학, 진로, 취업 등 다양한 선택의 순간에 놓일 때마다 성장 속도가 더 높은 쪽을 선택하기 위해 고민했다. 매 순간 내가 의지한 것은 다양한 곳에서 쌓아온 나의 성공과 실패 경험 데이터였다.

직관적으로 결정하기도 하고 효용성과 위험 요소를 분석하기도 했지만 언제나 그 바탕에는 경험 데이터가 깔려 있었다. 다른 사람들의 조언도 참고했다. 하지만 타인의 경험에서 나온 조언과 교훈을 내 삶에 직접 적용하기는 어렵기에 결국 내 경험을 토대로 이해하고 변형해야 했다.

완벽한 선택은 불가능하다. 일단 실행하며 새로운 경험 데이터를 쌓아 결정하고, 불만족스러운 결과는 다음번 선택에 반영해 수정하면 된다. 그래서 나는 계획을 완벽하게 세우기보다 조금 부족해도 일단 실행한다.

지금까지 해온 모든 선택이 최고의 결정이었다고 생각하진 않는다. 새로 얻은 경험과 안목으로 전략을 수정해 더 나은 선택을 했다고 생각한다. 실리콘밸리에 와서도 마찬가지다. 석사 2년, 박사 5년, 박사 후 과정 2년까지 총 9년을 투자한 교수직을 포기한 당시 내 상태는 학부나 석사과정만 수료하고 같은 기업에서 꾸준히 성장한 사람에 비해 경제적 안정도나 사회적 지위 면에서 훨씬 불안했다. 하지만 이러한 트레이닝 과정을 통해 많은 아이디어와 경험이 쌓였다. 언젠가 반드시 세상의 빛을 보는 날이 올 것이다.

어떻게 통찰력을 키울 것인가

경험이 데이터셋이면 통찰력은 경험과 학습을 통한 딥러닝의 결과다. 어떻게 하면 지금까지 쌓인 나만의 데이터를 잘 활용해 통찰력 있는 선택을 할 수 있을까?

첫째, 편견과 고집을 버린다. 편견은 데이터를 과도하게 단순화시켜 유형화할 때 생긴다. 유형화를 잘하면 데이터를 빠르게 처리해 의사결정이 빨라지지만 너무 단순화시키면 새로운 데이터를 제대로 검토하지 않고 버리게 된다. 그러면 새로운 경험을 해도 새로운 인사이트를 얻지 못한다. 고집을 부리는 것이다.

가치관이 분명한 거라고 착각하는 경우도 있는데, 유연성을 잃은 가치관은 고집일 뿐이다. 가치관은 오랜 고민과 논리를 바탕으로 형성된 삶에 대한 생각이기에 다른 논리도 받아들인다. 반면 고집은 감정적이다. 논리의 영역이 아니기에 고집에는 설득력 있는 이유가 없다.

둘째, 정보를 업데이트해야 한다. 어느 분야든 최신 정보를 받아들이려고 노력하는 것이다. 실리콘밸리에 와서 많은 생각의 변화가 있었다. 결정적인 변화는 굳이 교수의 길을 가지 않아도 되겠다는 것이었다.

실리콘밸리는 전 세계의 테크 허브로 불리면서 세계 각국의 인재들과 투자금을 끌어모으는 지역이다. 어느 카페를 가도 스타트업 창업자와 투자자들을 볼 수 있다. 칵테일 바는 사업 아이디어를 공유하려는 사람들로 붐비며, 식당은 빅테크에서 근무하는 고소득 연봉자들로 넘쳐난다.

2019년 박사 인턴으로 실리콘밸리에 처음 왔을 때는 보통의 회사원들이 얼마를 어떻게 받는지 관심 없었다. 5년 정도 일하면 이곳에 집을 살 수 있다는 이야기도 귀담아듣지 않았다. 그만큼 대기업을 다니면서 창출할 수 있는 개인의 경제적 수익 구조에 무지했다.

스탠퍼드대에서 박사 후 연구원으로 재직할 때 함께 일하던 모든 교수가 스타트업을 세워서 운영했다. 같은 연구소의 동료들이 교수직을 생각보다 별로 원하지 않아서 놀랐던 기억이 생생하다. 조지아공대에서는 박사과정 초반에 80~90퍼센트가 교수직을 희망하고 실제로 내가 졸업한 연구실 출신 중 절반이 대학교수가 되었다. 친산업적인 전공인 이유도 있지만 스탠퍼드 연구실 출신은 대부분 빅테크나 스타트업 창업을 선호한다. 나중에 대학교, 스타트업, 대기업과 연봉협상을 하고 수익을 비교해 보니 납득되었다.

셋째, 새로운 정보를 삶에 적용해야 한다. 머리로만 이해하고 삶에 적용하지 못하면 변할 수 없다. 최근 실리콘밸리에서의 가장 큰 화두는 OpenAI의 챗-GPT로 대표되는 대규모 AI 기술과, 애플의 MR 출시 발표로 다시 부상한 증강현실 안경 기술이다. 두 가지 모두 앞으로의 삶에서 다양한 변화를 예고하고 있다. 이미 일부는 생활 깊숙이 침투해 오히려 법과 제도가 일상의 기술을 따라가지 못하고 있다.

최신 정보를 업데이트하고 편견 없이 받아들이는 건 쉽지 않다. 사람은 누구나 기존의 생각을 바탕으로 새로운 정보를 이해하고 해석하기 때문이다.

하지만 태도가 바뀌면 사고도 바뀐다.
고집부리지 않고 새로운 상상을 해보겠다고
마음먹는 것만으로도 사고가 확장된다.

나는 새로운 기술이 태동할 때 변두리에 위치한 엔지니어나 단순 사용자로 머물기보다 기술 발전의 중심부에서 새로운 역할을 하는 사람이 되고 싶다. 나만의 경험 데이터와 열린 태도가 꿈을 현실로 만드리라 믿는다.

나만의 독특함을 찾는 법

사람들은 대부분 자신이 평균적이고 일반적이라고 생각한다. 하지만 모두에게는 자신만의 독특함이 있다. 사회적인 통념이나 규율 때문에 그 독특함을 발현하지 못할 뿐이다. 그러다 보니 독특함을 활용해 성장하려는 모험도 하지 않는다. 하지만 나는 독특함이 결국 차이를 만들고 사회적인 임팩트를 준다고 생각한다.

난 속된 말로 '정제된 또라이'를 좋아한다. 그들은 기발한 생각을 하면서도 주변 사람들과 논리적으로 소통한다.

운 좋게도 내 주변에는 정제된 또라이가 많아서 좋은 자극을 받았다.

국제 반도체 회로설계 학술대회에서 만난 한 선배는 미국에서 이름만 들으면 아는 대기업을 다니며 안정적인 조건에서 살다가 어느 날 회사를 그만두고 스타트업을 창업했다. 서울대 전기공학과를 다니다 중퇴하고 조지아공대에 입학한 뒤 혼자 AI 공부를 한 그는 엔비디아 같은 공룡과 경쟁하는 AI 반도체 스타트업 '퓨리오사'를 만들었다. 퓨리오사는 영화 〈매드맥스〉에서 기존 세력에 대한 저항, 전복을 상징하는 캐릭터로, '미친 자들만이 살아남는다'라는 영화 슬로건은 그 선배의 도전적이고 야성적인 정신을 잘 보여준다.

긴 머리를 질끈 묶은 채 큰 배낭을 메고 학회장을 당당히 돌아다니던 선배의 퓨리오사는 지금 가장 촉망받는 AI 반도체 스타트업이 되었다. 인공지능 분야의 대표적 성능 테스트 대회인 MLPerf에서 엔비디아의 반도체 칩을 압도하는 사물 인지와 이미지 분류 성능을 보여주며 놀라운 성과를 이루고 있다.

자기 객관화의 기술

나는 나만의 독특함을 찾기 위해 세 가지 방법을 활용한다. 첫째, 스왓 분석, 둘째, 역량 분석, 셋째, 리뷰 분석이다. 2008년 컨설팅 회사 입사를 준비할 때부터 지금까지 이 세 가지 방법을 활용해 스스로를 파악하고 정기적으로 이력서를 업데이트하고 있다. 나만의 독특함은 무엇인지, 어떻게 차이를 만들고 조직에 기여할지 정리해서 나를 어떤 시장에 어떻게 알릴지 시뮬레이션한다.

첫째, 스왓 분석이다. 앞선 글에서 살펴본 것처럼 강점과 약점, 기회와 위협을 평가하며 자신을 객관적으로 바라본다. 자신이 일정 기간에 한 일들을 쭉 나열하고, 각각의 일들이 어떤 결과를 냈는지 살펴보는 것도 방법이다.

예를 들어 업무 프로세스를 개선했다면 본인이 제안한 개선책이 창의성, 협동력, 업무 추진력, 끈기 등의 항목에서 무엇에 해당하는지 적어보자. 가장 많은 항목 서너 가지를 강점으로, 가장 적은 항목 서너 가지를 약점으로 기입한다. 실패한 일도 나열한 뒤 가장 많은 항목 서너 가지를 약점으로 기입하면 좀 더 객관적으로 평가할 수 있다. 어떤 분야에 뛰어난 능력을 발휘할 수 있는지, 어떤 점을 보완해야 할지 파악한다. 그리고 이력서를 수시로 업데이트하듯이 이 분석표도 PPT 슬라이드 같은 컴퓨터 파일로 저장해 주기적으로 업데이트한다.

둘째, 역량을 분석한다. 미국의 기업에서는 대체로 매년 적게는 한 차례, 많게는 서너 차례 정도 자기 업무를 평가하고 동료 평가와 관리자 회의를 거쳐 내년의 임금 인상률, 올해의 인센티브, 향후 몇 년의 추가 주식 지급액을 결정한다. 임금 인상과 승진 여부가 결정되는 만큼 며칠에 걸쳐 매우 공들여 작성한다. 심지어 매일 한 일을 노트 형태로 적어두었다가 자신이 팀과 회사 성장에 어떻게 기여했는지 항목별로 나눠 정리하는 사람도 있다.

업무 평가에 쓴 내용은 내년에 본인이 달성할 목표를 설정하는 데 사용되고 전년도에 비해 잘한 것과 못한 것이 무엇인지 피드백하는 참고 자료가 된다. 작년에 설정한 목표를 올해 어느 정도 달성했는지, 얼마나 성장했는지 알 수 있다. 그리고 미달된 부분이나 약점이 있다면 이를 어떻게 개선할지 새로운 목표를 설정할 수 있다.

셋째, 리뷰를 분석한다. 나의 현재 상태와 역량을 파악하기 위해 제삼자의 피드백을 받는 것도 좋다. 보통 회사에서는 자기 업무 평가 외에도 동료들에게 본인에 대한 피드백을 받는 피어 리뷰가 있다. 이를 확장시켜 친구들이나 나보다 10년 정도 나이가 많은 지인들과 진솔한 대화를 시도해 볼 수 있다.

이렇게 자신에 대한 생각을 정리해 놓으면 선택의 기로에서 흔들리지 않고 가장 나다운 결정을 할 수 있다. 나의 독특함은 새로운 일에 끝없이 도전하는 것이고, 삶의 목표는 내가 개발한 기술로 사람들의 삶을 편리하게 만드는 것이다. 선택의 순간마다 나의 독특함과 목표가 교차하는 지점을 찾을 것이다.

STEP 3

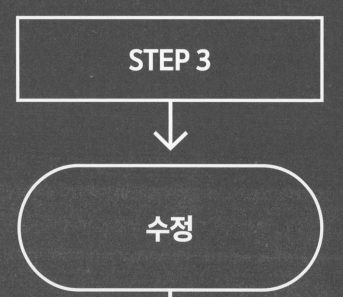

수정

실패를 뒤집는 성장의 시작

"자신을 세계의 누구와도 비교하지 마라.
만약 비교한다면, 당신은 자신을 모욕하는 것이다."

빌 게이츠
Bill Gates

- 마이크로소프트 CEO

내가 애플에 입사하다니

스탠퍼드대에서 박사 후 연구원 생활을 하며 빅테크 취업을 준비했다. 물론 경제적 제약이 있었다. 다행히도 지도교수님들이 좋게 봐준 덕에 경제적으로 지원을 받았고 실리콘밸리에서 살기에는 빠듯했어도 시간적 여유를 확보할 수 있었다.

정착하려면 반드시 정규직으로 회사에 채용되어야 했다. 조급한 마음이 들었다.

교수 임용이 취소되다

이 시기는 정말 체력적으로 정신적으로 힘들었다. 교수 직을 포기하기 전까지는 시간을 쪼개 스탠퍼드대 일을 하면서 교수 인터뷰 준비와 회사 인터뷰 준비를 병행했다. 중간에 어느 기업으로부터 합격 통지를 받기도 했지만 조건이 만족스럽지 않아 거절하고 계속 플랜 A, B를 실행했다.

교수 임용 준비, 회사 입사 인터뷰 준비, 스탠퍼드대 연구원으로 일을 병행하면서 진작 취업하지 않은 것을 후회하기도 했다. 준비할 것은 많은데 결과는 모두 불확실했다.

장문의 이력서, 연구계획서, 수업계획서 등을 포함한 교수직 지원 패키지를 완성하기 위해 꼬박 두 달을 방 안에서만 지냈다. 그리고 각 학교 전기공학부 커리큘럼과 집중 연구 분야에 맞춰서 연구/수업계획서를 수정해 스무 군데 이상의 학교에 지원했다. 이때부터는 매일 학교의 인터뷰 초청 메일을 기다렸다.

운 좋게도 두세 군데의 대학에서 연락이 와서 사전 인터뷰를 했다. 가장 가고 싶었던 곳에서도 연락이 왔다. 그

대학의 학장과 전화 통화를 할 땐 이미 합격한 기분이라 뛸 듯이 기뻤다. 하지만 이것은 김칫국이었다. 결과적으로 코로나19와 채용 방침 문제로 교수 임용이 취소되었다.

보통 소수 인원을 뽑는 면접은 결정권자들의 주관이 채용 방침만큼이나 중요하다. 그래서 나는 내가 방침을 뒤집을 만큼 면접을 잘 보지 못했다는 사실에 실망했다. 합격 기준을 충족시키는 것 외에 다른 사람과 비교할 수 없을 만큼 차별화된 특징을 보여줘야겠다는 생각이 들었다.

희망하던 학교에 임용은 실패했지만 미국 밖의 대학 세 곳에서 최종 면접 기회를 얻었다. 미국 시스템을 따라가는 대학일수록 인터뷰 과정이 험난한데, 연구 내용과 향후 계획을 공개 발표한 후 3~4일간 그 학과와 연관 학과 교수들을 일대일로 전부 만나 인터뷰했다. 당시 코로나19 때문에 학교를 직접 방문해 대면 면접을 하진 않았지만 매일 6~8시간 이상을 화상 면접에 할애하는 강행군이 이어졌다. 대면 면접이 아니라는 데 안도할 뿐이었다. 그랬다면 교수 연구실을 찾아 종일 돌아다니고 저녁에는 만찬도 함께해야 했을 것이다.

실리콘밸리에 남을 것인가, 떠날 것인가

정신없는 상황이었지만 애플을 비롯한 여러 회사에 입사 지원도 병행했다. 절박할수록 위축되지 않으려면 플랜 B가 반드시 필요했다. 뭐 하나 확실한 선택지가 없었고, 결혼 조건을 갖추어야 한다는 압박까지 들어 초조했다. 지푸라기라도 잡고 싶은 심정이었다. 그 무렵 결혼을 고민하던 여자친구와 헤어졌다. 여러 이유가 있었지만 자신감이 많이 떨어져 있던 나는 내 조건이 부족하기 때문이라는 생각을 지울 수 없었다.

한국, 일본, 미국의 명문대에서 공부하고 한국의 대기업에서 일하며 슈퍼 루키로서 가능성을 보여주었지만, 이제는 확실한 결과를 내야 했다. 어쩔 수 없이 미국 밖의 대학으로 이주해 교수가 되기는 싫었다. 다양한 선택지 중에서 가장 나은 곳을 내 의지로 선택하고 싶었다. 사우디아라비아 대학의 제안을 거절한 이유이기도 했다.

여러모로 초조한 시간을 보내던 어느 날, 나는 씻지도 않고 재택근무를 하면서 수시로 휴대폰을 바라보고 있었

다. 일에 방해받지 않기 위해서 전화를 보통 무음으로 해두
는데, 언제 합격 전화가 올지 모르니 초조해져서 나도 모르
게 계속 휴대폰을 들여다봤다.

좋은 선택지가 많았다면 여유로웠겠지만 당시에는 실
리콘밸리에 남을 수 있는 선택지가 회사 입사 외에 없었던
터라 합격 소식이 간절했다. 삶은 어찌나 냉혹한지, 간절할
수록 마음이 고달파졌다.

한참 모니터를 바라보며 작업을 하다가 곁눈질로 모니
터 옆에 놓인 전화기를 봤다. 순간 익숙한 영어 이름이 보였
다. 애플의 채용 담당자였다. 다급하게 전화를 받자 그가 평
소와 같이 낭랑한 목소리로 말했다.

"평우 씨, 잘 지내요? 축하합니다! 면접 잘 보셨고요,
팀에서 다음 단계에 대해 논의하자고 답변이 왔어요."

그 말을 듣자마자 나는 속으로 외쳤다.

'오케이, 됐어!'

작게 안도의 한숨을 내쉬었다. 하지만 이내 흥분감을
감추면서 사무적으로 담담하게 대답했다. 아직 연봉협상이
남아 있었기에 냉정함을 유지해야 했다.

"잘됐네요. 정말 좋은 소식이에요."

그렇게 침착하게 연봉협상을 이어나갔다. 다 마무리하고 나니 그제야 실감이 났다. 얼떨떨했다. 비록 함께 기뻐해 줄 사람은 떠나고 없어졌지만 그동안 마음고생 하며 열심히 준비했던 나 자신을 위로하고 성과를 자축했다. 후련한 마음으로 혼자 와인 한 병을 비웠다.

연봉 3억이 우스워지는 곳

PLAN
B

실리콘밸리는 기술 혁신의 세계적인 허브다. 1950년 대 초기 반도체를 상용화한 페어차일드, 인텔 등 세계적인 IT 기업들이 설립된 뒤로 전 세계의 기술 인재들이 모여들고 있다. 실리콘밸리 중심부에 위치한 스탠퍼드대를 필두로 특유의 창업 문화가 형성되었고, 스타트업 기업들이 많아지면서 리스크를 감수하고 투자하려는 벤처캐피털이 모여들었다. 그렇게 인재와 자원의 선순환적 유입이 이루어지면서 오늘날 기술 혁신의 중심지가 되었다.

많은 테크 기업이 우수한 기술 인재를 영입하기 위해 서로 경쟁하면서 자연스레 평균 연봉이 올랐다. 그 기업에서 일하는 직원들의 구매력이 높아지다 보니 물가가 오르고 연봉이 다시 상승했다. 오늘날 실리콘밸리에서 한 명의 엔지니어를 고용하려면 어마어마한 비용을 치러야 한다.

트레일러에 사는 구글 엔지니어

실리콘밸리 엔지니어들이 구직할 때 이용하는 사이트(levels.fyi)에 따르면 소프트웨어 엔지니어의 경우 평균 연봉이 약 230만 달러다. 우리나라 돈으로 3억 원정도다(2023년 6월 6일 기준). 하지만 실제로는 세금과 연금을 제외하고 50퍼센트 정도를 수령한다. 집세가 원룸 기준으로 400만 원 정도이니 실질적으로 버는 돈은 그리 많은 편이 아니다. 2008년 서울대학교 글로벌 텔런트 프로그램에 참여해 실리콘밸리를 방문했을 당시 가이드가 실리콘밸리에서 생활하려면 최소한 연봉 1억 원 이상이 필요하다고 했는데, 그때는 믿기지 않았다. 당시 대학생이었던 내게 1억

원은 친구들과 이야기하던 꿈의 연봉이었다. 그로부터 10여 년이 지난 지금 실리콘밸리는 연봉 3억 원으로도 넉넉하게 살기 어려울 만큼 물가가 높은 세상이 되어버렸다.

베이 지역에서 연봉은 대부분 TC(Total Compensation)를 뜻한다. TC는 매달 현금으로 받는 기본급, 매년 성과에 따라 받는 현금 보너스, 입사할 때 계약한 주식 수당, 그리고 매년 성과에 따라 받는 주식 수당으로 이뤄진다. 보통 기본급은 실리콘밸리에서 기본적인 생활을 할 수 있는 정도고 그 외 자산은 주식 수당으로 불린다. 몇 년 전 트레일러에서 생활하는 구글 엔지니어의 모습을 담은 다큐멘터리가 한국에 방영되었는데, 아주 흔한 경우는 아니지만 집세를 낮추기 위해서 하우스 메이트를 구하는 사람은 종종 볼 수 있다. 아무리 TC가 많아도 월급의 반을 집세로 내거나 월급 전부를 모기지론으로 내는 경우도 많다.

어떻게 돈을 벌까?

실리콘밸리에서 더 많은 수익을 내고 자산을 축적하는

방법은 주식이다. 대기업의 경우 입사할 때 RSU라고 불리는 주식 수당을 준다. RSU는 입사 후 4년 동안 나누어 받는다. 이직을 방지하기 위한 수단인 셈이다. 그리고 매년 직무 평가를 통해 추가 주식 수당을 받아 주식 숫자는 계속 증가한다. 여기에 주식 가격이 얼마나 상승하느냐에 따라 자산 축적 속도는 달라진다. 그래서 실리콘밸리에서는 단순히 TC나 회사의 명성만 보고 선택하지 않는다. 현재 얼마나 유망한가도 선택의 기준이 된다. 지금은 테슬라, 엔비디아가 두각을 나타내고 있다.

스타트업도 비슷한 구조인데 RSU 대신 스톡옵션을 받는다. 스톡옵션이란 주식을 특정 가격에 매수할 권리로, 아직은 가치가 없는 주식이지만 추후 가치가 생겼을 때 아주 낮은 가격으로 매수해 권리를 행사할 수 있다. 스타트업의 주식은 0.0001 달러에서 수십, 수백, 수천 달러가 되기도 하지만 반대로 휴지 조각이 될 수 있어서 위험 부담이 있다. 그래서 상장이 임박한 스타트업에 입사해 위험 부담을 줄이기도 한다.

상상을 현실로 만드는 세계

실리콘밸리의 기술 기업들은 매 순간 치열하게 경쟁을 벌인다. 이 때문에 엔지니어들은 고도의 경쟁 환경에서 밤낮없이 일하고, 압도적으로 많은 업무량과 스트레스를 견디며 높은 생활비와 주택 담보 대출 이자에 시달린다. 회사 안에서는 새로운 기술과 트렌드를 따라가기 위해서 계속 공부하며 업무 능력을 향상시켜야 하고 회사 밖에서는 고물가로 인한 생활고에 시달려야 한다. 그래서 덜 경쟁적인 환경을 찾아 다른 지역으로 이주하는 사람도 많다. 코로나 팬데믹 이후로 이러한 경향은 더욱 심화되었다.

그럼에도 실리콘밸리는 너무나 매력적인 세계다. 자기 계발 문화가 형성되어 있고, 일부 보수적인 대기업을 제외하면 도전과 혁신에 개방적이다. 항상 인재가 유입되는 도시이다 보니 전문가와의 교류가 일상적으로 이루어진다. 다양한 세미나, 콘퍼런스 등의 이벤트를 통해 최신 동향을 파악하고 유익한 정보를 얻기 쉽다. 카페에서도 유명한 창업자나 기업가를 만날 수 있고, 어디든 창업 아이디어를 공유하는 사람들로 넘친다.

　다양한 스타트업이 모여 있는 생태계는 아이디어를 현실로 구현할 기회도 제공한다. 스타트업에 참여하거나 자신의 기업을 창업해 독자적인 성장을 이루기도 수월하다. 성장을 꿈꾸는 사람에게 최적화된 세계인 것이다. 나는 이곳에서 또 하나의 플랜 B를 그리기 시작했다.

실리콘밸리에는 '조용한 퇴사'가 없다

코로나 팬데믹 직후 미국에는 '조용한 퇴사'가 유행했다. 승진이나 회사에서의 성장을 포기하고 워라밸을 지키며 일상에 집중하는 것이다. 하지만 대부분의 실리콘밸리 기업에서는 조용한 퇴사가 어렵다.

첫째, 실리콘밸리의 빅테크 기업들은 까다로운 채용으로 유명하다. 한국이나 일본처럼 공채로 신입사원을 뽑는 제도가 없고 대부분 경력직으로 채용한다. 경력이 부족한 경우 인턴십으로 경력을 쌓고 이직한다.

2000년 후반부부터 급성장한 FAANG(페이스북, 아마존, 애플, 넥플릭스, 구글)은 소수 정예 팀이 유기적으로 움직이며 인재 한 명이 여러 몫을 해내는 구조다. 그래서 한 명을 뽑아도 여러 번 서류 검토를 거쳐 해당 팀뿐만 아니라 관련 팀의 실무진과도 면접을 본다. 또 문제를 풀거나 과제 기반의 일대일 인터뷰를 하고, 최종적으로 리더와 인터뷰해 선발된다. 뛰어난 스펙이나 문제 풀이 능력뿐만 아니라 팀원들과 얼마나 잘 소통하며 일할 수 있는 사람인지를 치밀하게 평가받는다.

입사 후에는 개인의 업적과 기여도에 따라 매년 경쟁적인 보상과 인센티브를 주는데 이 과정에 동료들과 리더의 평가가 포함된다. 팀이라는 유기적인 관계에서 본인의 역할을 찾아 성과를 내려면 적극적으로 회사 업무에 참여해야 한다. 최소한의 업무를 하며 개인의 일상에 무게를 두는 사람은 팀에서 좋은 평가를 받을 수 없기에 오랫동안 함께하기 어렵다.

둘째, 많은 빅테크 기업이 매년 인사고과 하위 10퍼센트를 해고한다. 코로나 팬데믹으로 유동성이 넘쳐나자 빅테크 기업들은 경쟁적으로 높은 연봉을 제시하며 일단 뽑고 보자는 식으로 채용했는데, 그 과정에서 흔히 '월급 루팡'이라고 불리는 직원들이 많아졌다. 하지만 미국연방은행이 금리를 지속적으로 인상하고 실리콘밸리 은행 파산 사태로 경제 침체가 가속화되면서 이내 칼바람이 불었다.

이때 하위 인사고과자뿐만 아니라 사업성 없는 팀도 과감히 정리하고 우수한 인재까지 다수 해고하면서 채용시장이 얼어붙었다. 갑작스러운 해고로 여느 때와 같이 출근했는데 사무실에 들어가지 못한다거나 회사 시스템에 접속할수 없는 일들이 벌어졌다. 상황이 이렇다 보니 조용한 퇴사는 더욱 불가능해졌다. 베이 지역의 많은 사람이 전보다 몸을 사린다는 이야기가 여기저기서 들려온다.

셋째, 실리콘밸리는 스타트업에서 출발한 기업들이 많아 매우 경쟁적이고 치열하다. 아무리 최소한의 일만 하고싶어도 주변 사람들이 밥도 못 먹고 치열하게 일하는 모습을 보면 가만히 있기가 힘들다. 회사 차원에서도 잉여 인력이 생기면 어떻게든 활용 방안을 찾아서 업무를 부여하기때문에 느슨하게 일하는 건 사실상 불가능하다. 그래서 여

유로운 일상을 원하는 사람들은 다른 지역으로 많이 이주
한다.

이러한 환경과 문화는 실리콘밸리를 더욱 혁신과 성장
의 중심지로 만들지만 다른 한편으로는 삶을 더욱 팍팍하
게도 만든다. 양날의 검인 셈이다.

이민자들이 만들어내는 경쟁 문화

실리콘밸리의 경쟁 문화에는 이민자들의 영향도 한몫
한다. 미국은 여러 문화가 혼재된 나라인 데다 특히 실리콘
밸리는 테크 기업을 중심으로 사람들이 모이다 보니 외국
인과 이민자의 비율이 월등히 높다. 공학은 만국 공통이라
언어에 따른 진입장벽이 낮기 때문이다.

그리고 자원이 부족한 국가에서 기술은 개인적, 국가
적 부를 창출하는 중요 수단이기에 과거 우리나라 아버지
세대처럼 헝그리 정신으로 무장한 개발 도상국의 이민자도
많이 근무한다. 자국으로 귀국하면 연수익이 많게는 수십
배씩 차이 나기 때문에 실리콘밸리에서 성공적으로 정착하

기 위해 그 누구보다도 열심히 일한다. 1세대 이민자들도 마찬가지다.

애플 본사 바로 앞 상가는 중국 식당으로 가득 차 있고, 고급 아파트에는 많은 인도인을 비롯해 아시아권 이민자가 거주한다. 같은 이민자들끼리 애환을 나누면서 서로 끌어주고 때로는 경쟁하면서 살아간다.

덕분에 실리콘밸리는 최고의 기술 혁신 허브로서 기능을 이어나가고 있지만, 한편으로는 문화 양식이 단조로워지는 문제점이 나타나고 있다. 아니러니하게도 전 세계의 다양한 문화권에서 인재가 몰려들었지만 돈과 성공만 지향하는 물질주의만 살아남은 것이다.

익명 직장인 게시판인 블라인드에서는 연봉인 TC에 대해 어느 게시물에서든 확인할 수 있다. 오프라인 모임에서도 대화 주제의 상당수가 커리어 성장, 이직, 연봉이다. TC는 커리어 성장과 본인 지위에 대한 가장 확실한 지표이기 때문이다. 그러다 보니 인간관계도 피상적이고 경쟁적인 경향이 있다.

직장인에게 가장 큰 보상은 현실적으로 연봉이다. 전

세계 어디든 마찬가지일 것이다. 하지만 살인적인 물가와 집값 때문에 상대적으로 높은 연봉을 받아도 외식하는 돈조차 아끼려고 도시락을 싸서 다니는 실리콘밸리의 구조는 TC에 대한 집착을 더욱 부채질하고 있다.

그러다 보니 미국 어느 도시보다도 이민자들의 유입 비율이 높은 실리콘밸리에서 미국인들은 살인적인 물가와 경쟁 문화를 피해 다른 도시로 이주하는 경향이 커지고 있다. 나 역시 피할 수 없는 문제이기에 한때 고민이 많았다. 하지만 어디에서도 경험하기 힘든 치열함을 몸소 체험할 기회를 놓치고 싶지 않았다. 실리콘밸리의 경쟁 문화를 동력으로 삼으려 애쓰고 있다.

한미일의 일하는 방식

PLAN
B

20여 년간 한국, 일본, 미국의 여러 도시를 돌아다닌 덕분에 다양한 조직과 업무 문화를 경험했다. 나라마다 산업 분야나 회사, 조직마다 업무 문화가 다르다 보니 재미있는 경험을 많이 했다.

실용적인 싱가포르와 아날로그를 사랑하는 일본

나는 한국이 아닌 싱가포르에서 첫 직장 생활을 시작했

다. 소프트웨어 인턴으로 근무했는데, 가장 충격적인 점은 업무 시간에 웬만하면 사람들끼리 대화를 하지 않고 메신저로 소통한다는 것이었다. 바쁜 회사라면 보편적으로 적용되는 특징이고 요즘은 더 흔한 장면이 되었지만, 당시만 해도 바로 옆자리에 있는데 메신저로만 소통한다는 것이 충격이었다.

또 한 가지 재미있는 건 영어권 국가답게 말단 사원부터 사장까지 이름을 부르는 모습이었다. 그래서인지 자유로운 분위기가 형성되어 의견을 내는 데도 거침이 없었다.

일본 도쿄대에서 석사과정을 공부할 때는 존경어 표현을 익히느라 고생했다. 일본어에는 한국어처럼 존댓말이 있는데 화자를 낮추는 겸양어가 매우 많이 쓰여서 낯설었다. 그래서 교수나 조교와 대화할 때나 공동연구를 하던 반도체 회사 르네사스 테크놀로지의 부장, 과장을 만날 때는 표현 하나하나에 신중했다. 그런데 또 박사 선배들은 교수에게 종종 반말을 섞어 썼다. 요즘도 일본인 교수를 만나서 오랜만에 일본어를 쓸 때는 얼마나 반말을 섞어도 될지 감이 잘 안 잡힌다.

공동연구를 하는 동안 일본은 매우 경직된 사회라는 인상을 받았다. 일단 신입 사원은 3년 차까지 똑같은 검은 양복을 입고 다닌다. 또 전산화되지 않은 부분이 많아서 수기로 작성하는 작업이 많다. 이와 관련해 아사히카세이를 견학했을 때 놀라운 장면을 목격했다.

반도체 회로설계를 끝내면 회로 소자 하나하나를 반도체 공정 룰에 맞게 풀어 헤쳐 그림으로 그린다. 보통은 도면을 컴퓨터 모니터에 띄워두고 리뷰하는데, 아세히카세이에서는 이 도면을 커다란 전지에 출력해서 테이블 위에 펼쳐두고 리뷰했다. 아날로그 방식을 얼마나 선호하는지 실감한 순간이었다.

일본에서 일 잘하는 사람은 사소한 것도 깊게 파고드는 사람이다. 일본에서 나온 반도체 회로설계 연구 논문들을 보면 회로설계의 기본 단위인 트랜지스터 하나의 특성을 깊게 파고들어서 회로의 기본 블럭 설계를 변경한 연구가 많다. 그래서인지 일본은 그런 업무 스타일을 요구하는 소부장(소재, 부품, 장비) 산업과 정밀 기계 산업이 발달했다.

경주마처럼 달리는 한국

한국의 업무 문화는 빠르고 효율적이다. 윗선에서 목표를 결정하면 모든 조직이 일사불란하게 그 목표를 향해 움직이고 사소한 것은 문제 삼지 않는다. 그래서인지 일본처럼 세부 분야를 깊게 파고들거나 미국처럼 집요하게 토론하는 경우는 별로 없고, 좋은 결과를 내는 게 핵심이기에 업무 수행에서 자율성이 높다. 흔히 미국 기업들의 자율성이 더 높을 거라 생각하지만 실제로는 문서화된 매뉴얼을 따라야 하고 업무 분장이 세부적이라 자유도가 떨어진다.

삼성전자, LG에서 근무할 때도 큰 목표에서 과정이 벗어나지 않고 결과가 좋으면 어떤 방식으로 일하든 웬만하면 용인했다. 덕분에 정해진 타임라인 안에서 내가 설계하고 싶은 회로를 마음껏 설계했다. 특허 출원 절차도 간결해서 연구와 개발하기에 좋은 환경이었다.

한번 결정된 사항에 대한 추진력도 좋다. 팀 회의에서는 주로 업무 진행 상황을 논의하고 잘 굴러가고 있는 일에 대해 논리를 따진다든지 문제 삼지 않는다. 목표를 향해 달리는 것이다. 한번은 회로설계 프로젝트를 진행하는데 마감일이 임박한 시점에 엔지니어 인력이 부족하자 팀장 회의를 거쳐 새로운 인력이 빠르게 투입되어 쓸데없는 회의 없이 업무에 밤낮으로 집중하며 초기 프로토타입을 완성한 적도 있다. 이러한 경주마식 업무 방식에는 분명 부작용도 있지만 하드웨어 개발 회사의 사업 성공에는 필수적이다. 아시아권 회사들이 반도체 혹은 전자업계에서 좋은 성적을 내는 하나의 이유일 것이다.

한 가지 아쉬운 건 다양성에 대한 포용력이 시스템적으로, 문화적으로 미흡하다는 점이다. 삼성전자에서 이탈리아 책임연구원과 같이 근무할 때도 우리 팀을 제외하고는 항상 한국어로 회의해서 내가 그의 전담 통역 역할을 해야 했다. 이에 비해 미국은 다민족, 다문화 사회이기에 다른 문화에 대한 포용력이 높고 언어적 한계가 적다는 장점이 있다.

부족처럼 움직이는 미국 빅테크

미국 기업은 논리를 중시해 끊임없이 토론한다. 한국이

나 일본은 수직적이고 조직의 규모가 크다 보니 합의점을 도출하기 위한 미팅 과정을 거칠 필요가 없다. 또한 의견 대립이 생긴다 해도 단일 문화 사회인 만큼 합의에 이르는 과정이 상대적으로 수월하다.

반면 미국은 다양한 인종과 문화가 섞여 있다 보니 사고방식이나 대화의 방식이 서로 다르다. 그래서 공통 언어인 논리를 통해 간결하고 빠르게 주장을 관철시키는 것이 중요하다. 또한 소규모 팀들이 수평적으로 흩어져 있다 보니 대화를 통해 합의점을 찾으려면 하루에도 수많은 미팅을 소화해서 논리적으로 빠르고 간결하게 결론을 도출해야 한다. 여기저기 퍼져 있는 정보들을 제대로 숙지하고 필요한 요소만 간결하게 전달하는 사람을 일 잘하는 사람으로 꼽는다.

삼성, LG 등 제조업 기반의 한국 대기업은 100~500명 규모의 커다란 팀이 군대처럼 일사불란하게 움직인다. 반면 실리콘밸리의 빅테크 기업들은 10여 명 단위의 소규모 팀들이 시니어 매니저의 통솔에 따라 하나의 부족처럼 움직인다.

소규모 팀들은 서로의 이익을 위해 협력하거나 경쟁하면서 유기적으로 나아간다. 경영진이 통합 전략을 세우면 시니어 매니저를 통해 각 팀에 전달되어 실행 전략을 세우고 빠르게 업무를 수행한다.

그리고 결과가 나오면 회의를 통해 결과를 취합해 경영진에게 보고한다. 작은 단위의 팀들은 서로 무엇을 하는지 정확히 모르지만 서로 동맹을 맺어 최소한의 정보를 공유하거나 싸워서 이득을 낸다.

신기하게도 팀들은 각각 독자적으로 움직이는 것 같지만 결국은 모두 빠르게 한 방향으로 향한다. 가장 위의 톱 매니지먼트 회의가 고구려 시대의 제가회의와 같은 역할을 하여 항상 한 방향으로 움직이도록 도와주기 때문이다. 실리콘밸리 빅테크 기업들을 세계적 기업으로 성장시킨 일등공신이다.

사람 사는 데는 다 똑같지 않다

조직마다 장단점이 있지만 개인적인 경험에 비추어 보

면 굴뚝 산업이라고 불리는 제조업은 아시아권 기업의 군대 같은 톱다운 문화에 적합하고, 산발적인 혁신이 필요한 소프트 산업은 소규모의 팀이 유기적으로 조직된 실리콘밸리의 기업에 더 적합해 보인다.

제조업은 아시아의 기업을 따라가기 힘들다. 제조업은 효율적으로 빠르게 움직여야 하는데 대부분의 미국 기업은 상부에서 결정한 사항을 하부에서 빠르게 실행하는 톱다운 문화를 받아들이는 데 어려움을 겪는다. 그래서 한국, 대만, 중국, 일본과 같은 아시아 국가들이 반도체 산업을 비롯한 제조업에서 두각을 나타낸다. 모든 정보가 분산되어 있지 않고 산발적인 미팅보다 정기적으로 팀장급 회의을 통해 업무의 진행 사항을 다 같이 파악한다.

여러 나라에서 일한 경험은 조직을 객관적으로 바라보는 데도 큰 도움이 되었다. 사람 사는 데는 다 똑같다지만 나라마다 기업마다 각자의 환경에 맞는 최적화된 문화가 형성되어 있었다. 그때마다 새로 적응하느라 고생은 조금 했지만, 결과적으로 다양한 조직에 적응하는 능력을 키울 수 있었다.

목표를 향해 불도저처럼 돌진하는 한국식 에너지에 빠르고 효율적으로 논의하는 미국식 커뮤니케이션을 적용해 나름의 방식으로 업무를 해나가고 있다.

일정에 쫓기지 않으려면

실리콘밸리 빅테크 엔지니어의 하루는 여느 직장인처럼 전날 저녁에 온 메시지와 이메일을 확인하는 것으로 시작된다. 성과를 둘러싼 경쟁적인 분위기가 강하다 보니 업무 강도가 높고, 개인의 업무가 팀 업무와 회사 전체 타임라인에 직간접적으로 연결되어 있다 보니 점심 먹을 시간도 부족할 정도로 시간에 쫓기며 일할 때가 많다.

일과 시간에 업무를 다 끝내지 못했거나 마감 기한이 촉박하면 퇴근하고도 집에서 일하고 가끔은 주말에도 급한 업무를 처리한다. 실리콘밸리에서는 주 40시간 근무가 기본이지만 사실상 시간을 가리지 않는다. 가정을 중요시하는 문화가 있어 너무 늦은 시간에 문자를 보내는 일은 자제하고 업무량이 너무 많으면 회사나 팀에서 조정할 것을 독려하지만, 그럼에도 평일에 개인적 일정을 소화하기에는 부담될 때가 많다.

한국에서 근무할 때나 스탠퍼드대에서 박사 후 연구원으로 재직할 때만 해도 퇴근 후 운동하고 맥주 한잔하는 게 부담스럽지 않았다. 빅테크 기업에서 일하는 지금도 시간을 낼 수는 있지만, 저녁에 급하게 업무를 처리하거나 다음 날 컨디션을 유지하기 위해 평일에는 최대한 개인적인 일정을 자제하는 편이다.

'요점만 간단히' 문화

상황이 이렇다 보니 시간을 효율적으로 사용하는 게 너무나 중요하다. 하루에 많게는 10개 이상의 미팅에 참석하기 때문에 최소한의 시간으로 최대한의 결과를 얻기 위해 노력한다. 주요 안건을 미리 정리해 미팅을 설계하고, 중요하지 않은 미팅은 과감히 포기해 업무 시간을 확보한다.

그래서 소통할 때 특히 요점(key takeaway)이 중요시된다. 다들 바쁘고 시간이 없기 때문에 항상 명확하고 간결하게 전달하고 대화의 시작이나 끝에는 요점을 밝힌다. 그러려면 내용을 정확히 이해하고 용어에 대한 개념도 명확히 이해하고 있어야 한다. 미팅의 목표나 요점을 분명히 하지 않으면 회의는 계속 길게 늘어지고, 미팅만 하다가 하루가 끝나기 마련이다.

얼마 전 넷플릭스에서 UX연구원으로 근무하던 지인으로부터 놀라운 이야기를 들었다. 한 번에 300명이 참석하는 미팅도 있다는 것이다. 한 명씩 30초씩만 이야기한다 해도 2시간 반이 걸린다. 실제로 한 명씩 돌아가며 말하는 비효율적인 방식을 쓰진 않겠지만 이처럼 많은 사람이 참여하는 미팅도 생기는 만큼 빅테크 기업들에는 오해 없이 의견을 공유하기 위해 요점만 간결히 말하는 문화가 보편적으로 형성되어 있다.

효과적인 결론을 내는 시스템

나는 요점을 정할 때 이미 지난 과거의 사건보다 미래의 계획에 초점을 맞춘다. 지난 일에 초점을 맞추면 이야기가 길어지기 때문이다. 지난 일에 본인의 의견이나 감정을 첨언하다 보면 쳇바퀴 도는 대화가 이어지고 요점도 없이 대화가 마무리될 가능성이 크다.

눈앞에 닥친 상황이나 문제를 기반으로 미래 계획을 세우면 효율적으로 움직일 수 있다. 행동에 초점을 맞추는 것이다. 현재 상황과 문제 원인을 한 문장으로 정리하고 해결방안 역시 한 문장으로 정리하는 방식으로 논의하면 불필요한 대화를 줄이고 미팅 주제에만 집중할 수 있다.

그럼에도 실리콘밸리에서는 항상 일정에 쫓긴다는 느낌을 받는다. 스스로의 업무 평가와 회사의 이익을 위해 개개인이 각자의 역할을 빠르게 수행하면 좋겠지만 꼭 자신이 혼자 다 해야 한다는 생각은 가질 필요가 없다.

최대한 노력했는데도 회사에서 정한 타임라인 안에 업무를 수행하지 못했다면 스스로를 책망하지 말고 회사의 시스템을 개선해야 한다. 필요한 만큼 사람을 채용하고 각각의 구성원이 최대한의 효율을 창출하도록 시스템을 설계하는 것은 회사의 몫이다.

네트워크 사회에서 살아남는 법

실리콘밸리에서도 네트워크는 매우 중요하다. 미국에서는 대부분 회사에서 일대일 미팅을 일상적으로 하는데, 많은 정보가 문서화되어 있지 않고 특정 사람을 통해서 빠르게 얻을 수 있기 때문이다. 네트워크를 잘 활용하는 것이 업무 효율을 높이는 첫걸음이다.

미국과 우리나라의 인맥은 비슷하면서도 약간 다르다. 우리나라에서 인맥은 감정의 교류로 내 편을 만들어 경쟁에서 우위를 점하는 느낌이라면 미국에서 네트워크는 평가를 위한 필수 정보다. 레퍼런스가 없으면 평가 자체를 하지 않기 때문이다. 회사에 취업할 때는 지인의 레퍼런스를, 이 직할 때는 현 직장에서의 백그라운드를 체크하고, 교수를 지원할 때도 지도교수의 추천서를 필수적으로 검토한다.

네트워크가 커리어인 세계

박사과정을 마치고 취업과 박사 후 연구원 자리를 알아보던 시절, 두 차례 네트워크의 힘을 경험했다. 첫 번째는 과거 직장 상사였던 이탈리아 친구의 추천을 받았을 때다. 박사 졸업을 앞둔 시점에 갑자기 자신의 회사에 지원하라며 연락을 해왔다. 그 팀의 인사담당자와 대화한 뒤 면접 일정을 잡았는데, 지금까지 살아온 이야기만 들려주면 된다고 안내받았다. 보통 미국 기업은 다른 나라 기업에 비해 면접 준비가 까다롭고 기준이 엄격한데 편의를 봐준 것이다.

보통 몇 차례 전화 면접을 한 뒤 통과하면 열 명 안팎의 팀원들을 만나 온종일 인터뷰한다. 엔지니어 분야는 대학에서 배운 전공 교과목과 대학원 교과목 문제를 풀고 업무에 필요한 내용도 질문받는다. 단순히 답을 맞히는 것이 중요한 게 아니라 그 답을 구하기 위해 어떤 식으로 접근하는지, 면접자와 얼마나 소통을 잘하는지를 평가받는다. 내 경우에는 이 과정을 형식적으로 진행하겠다고 했다. 함께 일해본 사람이 검증한 사람이기에 능력이 확인되었다고 본 것이다.

두 번째는 지도교수가 레퍼런스가 되어 빠르게 합격한 경우다. 한 스타트업에 지원했을 때의 일인데, 얼마 지나지 않아 일면식도 없던 대표가 함께 일하자며 직접 연락을 해왔다. 그는 교수이기도 했는데 나의 박사과정 때 지도교수를 알고 있고 내 논문도 읽어봤으니 짧게 이야기만 나눠도 충분하다며 사무실로 이동하는 동안 통화하는 것으로 면접을 대신했다. 입사 시기만 맞으면 바로 입사 프로세스를 진행하자고 제안했는데 교수 지원 결과를 기다리던 참이라 아쉽게도 거절했다.

실력을 키우면 네트워크는 따라온다

외국으로 이제 막 유학을 떠난 후배들에게서 자주 듣는

이야기가 있다.

"어떻게 하면 네트워크를 넓힐 수 있을까요?"

어린 나이에 유학을 떠나면 말도 제대로 통하지 않는 데다 아는 사람도 별로 없다 보니 커리어 성장뿐만 아니라 외로움을 떨치기 위해서라도 네트워크에 집착하기 쉽다. 나 역시 초반에는 그랬다. 하지만 그러다 보면 자연스럽게 타인의 시선에 노출되고 상대방의 인상과 평가에 민감해진다. 자신의 가치를 타인으로부터 인정받고 싶은 욕구가 자리 잡는 것이다. 인정욕구는 마음을 메마르게 하고 자신이 진정으로 하고 싶은 것을 잊게 만든다.

유학 생활을 하다 보면 겉치레에만 집중하며 다른 사람의 인정과 관심을 받기 위해 노력하는 사람들을 많이 목격한다. 특정 사례를 콕 짚을 수 없을 정도로 이런 일은 비일비재하다. 사교를 위한 맥락 없는 칭찬, 표면적인 말을 주고받는 건 일상이다. 유학 생활 중에만 겪는 문제는 아니지만 접하는 사람이 한정되다 보니 더욱 눈에 띈다. 나도 마찬가지였다. 유학 초기 누군가의 가십거리가 된 적도 있고, 나도 모르는 사이 편 가르기에 휘말려 곤란한 적도 있다. 무리 안에서 인정받지 못해 우울해진 적도 있다.

그 뒤로 나는 전략을 바꿨다. 억지로 사람들 사이에 섞이기보다 나의 강점과 약점을 객관적으로 파악하는 데 집중했다.

나의 가치를 높여

자신감과 안정감을 얻기로 한 것이다.

커리어 성장에 필요한 네트워크는

결국 실력이 있으면 따라오게 되어 있다.

회사 내의 인간관계에도 과도하게 집착하는 건 경계하는 편이다. 회사에서는 인간관계도 시스템의 일부이기에 만약 인간관계에서 문제가 생긴다면 시스템의 문제일 가능성이 크다. 그래서 관계를 유지하기 위해 잘 보이려 너무 애쓰거나 뭔가 잘못되었을 때 과도하게 자책하지 않는다. 만약 상대가 감정적인 사람이라면 내가 어떤 행동을 취해도 상대방의 감정에 의해 좌지우지되는 관계이므로 상대의 행동에 크게 의미 부여하지 않는다.

업무상 필요한 인간관계는 친밀도도 중요하지만 결국 얼마나 실력이 있는가, 그리고 얼마나 같이 일하기 편한가에 달려 있다. 상대로부터 각자 얻을 게 있어야 유지되는 것이다. 타인에게 휘둘리거나 감정을 소모하지 않고 내 능력을 키우는 데 집중하는 것, 실리콘밸리에서 내가 찾은 전략이다.

세계 최고의 인재가 모이는 곳

PLAN
B

우연히 미국 스웨덴 상공회의소의 관계자를 알게 되어 세미나 강연자로 참석한 적이 있다. 스웨덴의 한 대학교에서 최고경영자과정(Executive MBA) 학생들을 초청한 자리였다. 패널 토론 주제가 흥미로웠다.

'왜 실리콘밸리인가?'

교수 임용 준비와 대학 초청으로 강연을 한 적은 있지만 연구 주제가 아닌 내용을 영어로 발표하는 건 처음이었다. 부담감을 가지고 스탠퍼드대 근처의 팔로알토 다운타

운에 있는 행사장에 도착했다.

하버드생은 왜 창업하지 않을까?

어색하게 문에 들어서니 수많은 사람이 보였다. 스웨덴 상공회의소에서 주최한 행사여서인지 실리콘밸리의 일반적인 인구분포와는 다르게 동양인은 나 혼자였다. 경영석사과정 학생들 대상의 행사였기에 연령대는 높은 편이었다. 나도 어린 나이는 아니지만 동양인 특성상 어려 보이다 보니 패널과 청중 사이에서 내가 가장 어리게 보였다. 나를 초청해 준 친구는 집안 사정으로 참석하지 않아서 홀로 멋쩍어하며 돌아다녔는데 행사를 진행하는 스웨덴 대사관의 사람들이 말을 걸며 긴장감을 풀어주었다.

함께 토론한 패널들은 투자회사 책임자, 스타트업 대표 등 쟁쟁한 인물들이었다. 일개 엔지니어로 참여한 나는 왠지 주눅이 들었다. 스몰토크에 꽤 자신 있는 편인데도 대화를 이어가기가 쉽지 않았다. 패널 토론 이후에 진행할 MBA 학생들과의 토론이 사실상 내게는 본게임이었다. 나의 독특한 경력과 다양한 기술 분야에 대한 학계와 산업계의 경험이 커리어 관리에 도움이 될 것이라 생각했다.

샴페인을 한잔하며 어색하지 않은 척 관계자들, 패널들과 인사를 나누고 높은 의자에 불편하게 걸터앉아 토론을 시작했다. 패널은 나를 포함해 총 다섯 명이었고, 사회자가 질문을 던지면 토론하는 방식으로 진행되었다.

이날 가장 기억에 남은 질문은 두 가지다. 첫째, 무엇이 실리콘밸리를 대체 불가하게 만들고 전 세계로부터 사람들을 모이게 만드는가. 둘째, 실리콘밸리에서 스타트업을 하는 가장 큰 장점은 무엇인가.

실리콘밸리에는 스탠퍼드대를 비롯해 유수 대학이라는 인재 공급망이 있다. 그렇다면 하버드, MIT와 같은 100여 개의 명문대가 있는 보스턴은 왜 실리콘밸리를 대체하지 못하는 걸까?

실리콘밸리에는 1950년대의 초창기 반도체 상업화에 성공한 기업들에서 시작된, 도전 정신을 바탕으로 한 열린 창업 문화가 있다. 동부, 중부와 서부의 대학은 분위기가 꽹장히 다르다. 내가 박사과정을 마친 동부 조지아공대의 연구실과 박사 후 연구원 과정을 마친 서부 스탠퍼드대의 연구실만 비교해도 확연히 차이가 난다. 조지아공대 연구실 졸업생들의 50퍼센트 이상은 대학 교수직을 선택했다. 반면에 스탠퍼드대 연구실의 졸업생들은 UC버클리 교수로 임용된 친구 한 명을 제외하고는 모두 창업을 하거나 대기업에 입사했다.

이유를 추측하자면 일단 스탠퍼드대 주변으로 수많은 기업이 몰려 있는 데다 고연봉을 받는 사람들과 스타트업 성공 사례를 어딜 가든 흔히 볼 수 있다. 또 생활비가 많이 들어 진로를 선택할 때 경제적인 부분을 중요하게 고려할 수밖에 없다.

인재가 인재를 부르는 선순환

실리콘밸리에는 수많은 기업과 인재, 산업 인프라를 기반으로 수많은 자본이 모여든다. 미국 서부 시대에 금광을 찾아서 사람들이 모여들었듯이 지금은 천문학적인 자본을 축적한 빅테크 기업과 수많은 금융 자본이 전 세계의 엔지니어와 창업자를 이 지역으로 불러들이고 있다. 세쿼이아 캐피털, 앤드리슨 호로위츠와 같은 세계적 벤처캐피털 본사가 있어 창업자들에게 세계 무대로 진출하는 교두보 역할을 한다.

지금 이 순간에도 실리콘밸리에 모인 인재를 만나기 위해서 더 많은 인재가 모여들고 있다. 이것이 바로 앞서 이야기한 두 가지 질문, 실리콘밸리에 인재가 모이는 이유이자 스타트업을 하는 가장 큰 장점이다.

스타트업의 경우 구성원 한 사람 한 사람의 역량이 특히 중요하다. 대기업은 교육, 지원 시스템, 인프라가 갖추어져 있어 구성원에 상대적으로 덜 의존하지만, 스타트업은 특정 분야에 전문 지식을 갖춘 올어라운드 플레이어를 필요로 한다. 세부 분야로 들어갈수록 사람 구하기는 더 힘들어진다. 다양한 인재가 많고 이직이 자유로운 실리콘밸리에서는 사람을 구하는 일이 상대적으로 수월하다.

창업과 스타트업에 관대한 분위기는 대기업과 스타트업의 인재 선순환 구조를 지탱한다. 하지만 역시 단점은 비용이 많이 든다는 것이다. 높은 사무실 임대 비용과 물가에 더해 엔지니어 고용 비용도 천문학적이다. 미국 전역을 통틀어 경쟁도 극심하다.

재미 스웨덴 상공회의소에서 주최한 패널 토론은 상황을 객관적으로 바라볼 기회가 되었다. 나는 왜 실리콘밸리를 선택했고 앞으로 왜 계속 있어야 하는지 이유를 알 수 있었다. 내게 가장 중요한 것은 성장의 기회였고, 실리콘밸리에는 나를 계속 성장시킬 인프라가 갖춰져 있었다. 앞으로 무엇을 하면 실리콘밸리 환경을 최대한 효율적으로 활용할 수 있는지 생각했다. 다양한 도전을 하기 좋은 조건이라는 확신이 들었다.

STEP 4

성장

인생의 벽을 뛰어넘는 용기

"다른 사람들의 생각에 따라 살지 마라.
나의 직감은 내가 진정으로 원하는 것을 이미 알고 있다.

스티브 잡스
Steve Jobs

- 애플 전 CEO

실리콘밸리식 성장의 두 가지 유형

뉴럴링크는 테슬라의 최고경영자로 유명한 일론 머스크가 일곱 명의 엔지니어, 교수, 과학자들과 공동 창업한 스타트업이다. 뇌와 기계 또는 컴퓨터를 연결하는 기술을 개발하며, 최근에는 영장류 실험에 이어 사람에 대한 임상시험 허가까지 받아 화제가 되었다. 뇌 정보를 읽거나 뇌에 새로운 정보를 각인시키는 기술을 상업화하려는 시도로 주목받고 있다. 현재까지 임상시험을 한 결과로는 간질, 치매, 척수 손상으로 사지가 마비된 환자를 치료하는 데 도움이 될 것으로 기대하고 있다.

공학으로 세상을 개선하겠다는 비전

일곱 명의 공동 창업자 중 한 명은 재미교포 공학도다. 한국 이름은 서동진, 미국에서는 디제이 서(DJ Seo)라고 불린다. 2013년 버클리 주립대에서 박사과정을 공부하며 지도교수인 이언 라베이(Ian Rabaey)와 초소형 무선 뇌 컴퓨터 연결장치인 '신경 먼지(뉴럴 더스트)'를 개발해 논문 수집 웹사이트 〈아카이브(arxiv)〉에 선공개했다. 또 2016년 중추신경을 읽는 기존 콘셉트가 아닌 말초신경을 읽는 장치에 관한 연구를 과학 잡지 《뉴런(Neuron)》에 발표했다. 서동진 박사는 공동 저자였던 미셸 마하르비즈(michel maharbiz) 교수가 신경 먼지를 상용화하기 위해 세운 아이오타 바이오사이언스(Iota Bioscience)에 합류하는 대신 일론 머스크와 뉴럴링크를 공동 창업했다.

나는 박사과정을 하는 동안 전자기파로 충전하고 데이터를 송수신하는 뇌 컴퓨터 연결장치를 연구 개발하면서 서동진 박사의 연구를 많이 참고했다. 연구계가 좁아서 특히 미국에서는 누가 어떤 연구를 하는지 아는데 이때 비슷한 주제로 연구했던 사람은 희한하게 한국 사람이 많았고, 그중 서동진 박사만이 스타트업을 택하고 나머지 대부분은 학계에 남았다.

나는 스탠퍼드대에서 박사 후 연구원으로 있을 때 그를 처음 만났다. 코로나19로 실리콘밸리 전역이 폐쇄되기 전 그가 스탠퍼드대로 강연을 온 것이다. 강연장은 교수와 학생들로 인산인해를 이루었다. 발표가 끝난 뒤에도 나를 포함해 많은 사람이 그에게 질문하기 위해 길게 줄을 섰다. 발표 내용에 대해 궁금한 점을 질문하기도 했지만 그와 대화를 나누거나 취업 기회를 얻고 싶어 남은 사람도 많았다. 그는 젊은 나이에 이미 유명 스타 반열에 올라 있었다.

인간의 뇌와 컴퓨터를 연결한다는 서동진 박사의 놀라운 비전은 그의 어린 시절 경험에서 시작되었다. 그는 열세 살 때 한국에서 미국으로 건너와 새로운 언어를 배워야 했는데, 자신의 생각을 외부에 더 효과적으로 전할 방법이 없을지 고민했다. 그러면서 한 가지를 결심한다.

"공학을 통해 세상을 개선하는 강한 직관을 가진 과학자가 되고 싶다."

그렇게 꿈을 키워온 그에게 일론 머스크의 공동 창업자 제안은 준비된 기회였을 것이다.

"일론이 설명한 비전은 거절하기 어려웠다. 그것은 내가 상상했던 모든 것이었다."

일론은 사람의 뇌와 컴퓨터를 연결하는 매끄러운 인터페이스를 개발하기 위해 수백만 달러를 쓸 준비가 되어 있다고 이미 공언한 상태였다. 서동진 박사는 공학을 통해 세상을 개선해 사회에 기여하겠다는 일념으로, 학계에 남아 연구하는 대신 스타트업 세계로 뛰어들었다.

성공이냐, 성장이냐

실리콘밸리에서 만난 성장에는 두 가지 유형이 있다. 첫 번째는 더 높은 연봉과 직위를 목표로 하는 유형이다. 테크 자본주의가 만연한 실리콘밸리에서 수없이 목격했다. 블라인드에서 'career growth'를 검색하면 관련 게시물이

8,000개 이상 나온다. 그리고 'TC'를 검색하면 34만 개 이상의 게시물을 볼 수 있다. 대부분은 자신의 TC를 공개하고 괜찮은 숫자인지 묻거나 주변 친구와 자신의 승진 속도, 연봉을 비교하는 글이다.

두 번째는 서동진 박사 같은 유형이다. 자신만의 비전을 세우고 이를 이루기 위해 나아가는 사람들이다. 이들은 더 높은 연봉과 승진이 아니라 자신에게 흥미로운 일을 찾는 데 주력한다. 그러다 보니 밖에서 보기에 의아한 선택을 할 때도 많다. 대기업의 높은 연봉을 포기하고 스타트업에서 다시 밑바닥부터 시작한다거나 탄탄대로의 사업을 버리고 완전히 다른 도전을 하는 식이다.

서동진 박사는 공학을 통해 세상을 개선하겠다는 비전을 실행하기 위해 많은 영예를 안겨준 연구실을 떠나 스타트업을 선택했다. 일론 머스크라는 화제의 인물과 함께하며 또 다른 명예를 얻었지만 스타트업 창업은 예기치 못한 위기 상황이 수시로 벌어지는 길이기에 위험 부담을 떠안을 수밖에 없다. 비전이 없었다면 쉽게 선택할 수 없었을 것이다.

연봉이 전부라는 착각

더 높은 연봉과 직위를 목표로 하면 단기적으로 빠른 성공을 거둔다. 대부분의 행동 패턴이 인사고과와 승진에 맞춰져 있기 때문이다. 인사고과에 영향을 주는 관리자들과 관계 맺는 데 힘쓰고, 상부에 보고가 올라가는 업무에 공들인다. 상부에 보고할 기회는 없지만 꼭 해야만 하는 일의 경우 다른 사람의 힘을 빌려서 끝낸다. 흔히 대기업에서 일 잘한다고 하는 사람들의 전형적인 모습이다. 이들은 기업에서의 성장에 최적화되어 있다.

나보다 1년 먼저 입사한 A의 경우 남들보다 빨리 관리자 직급을 달았다. 미국은 관리 분야와 기술 분야가 따로 있기에 관리자라고 해서 연봉이 더 높아지는 것은 아니지만 아무래도 결정권자에게 직접 보고하는 기회가 많고 눈에 잘 띄다 보니 승진할 가능성도 높아진다. A는 초반부터 실무보다 보고에 집중했고, 실무는 그 일에 최적화된 동료를 찾아서 맡겼다. 점심시간에는 관리자나 연관 부서 사람들과 식사하면서 회사 내에서 관계를 넓히고 보고 라인들과 친분을 유지했다. 회사 섭리상 누구에게 보고하느냐가 그 사람의 자리를 결정한다. 보고받는 사람의 지위가 높을수록 직위는 올라가고 회사 내에서의 성장도 쉬워진다.

대외적으로 본인 세일즈를 잘하는 경우도 있다. 미국 굴지의 대기업에서 근무하며 각종 모임에 참석하던 B는 네트워크를 넓히는 데 열중하더니 결국 그 네트워크를 활용해 한국 회사의 상무로 이직했다.

A와 B 모두 연봉과 직위로 대변되는 계급 성장에 생활 방식을 맞춰 단기적으로 성공한 경우다. 하지만 나는 이런 것들이 과연 궁극적인 목표가 될지 의문이 든다. 본질적인 성장과는 거리가 멀어 보이기 때문이다.

어디에 기여할 것인가

나는 두 가지 기준으로 성장을 판단한다. 첫째는 '누구에게 얼마나 기여했는가'이고, 둘째는 '인생의 최종 목표, 즉 비전에 얼마나 도달했는가'이다.

기여의 대상은 회사일 수도, 가정일 수도, 사회일 수도 있다. 친구 B는 어렸을 때 경험한 가난에 대한 보상으로 승진과 연봉에 집착했다. 깨어 있는 시간 내내 회사 일에 몰두했고 그에 대한 보상으로 회사에서 빠르게 승진하며 연봉도 높였다. 하지만 가정에는 기여하지 못했다. 그러다 보니 집안에서 갈등이 자주 일어났고 계속되는 불화 끝에 결국 서로에게 큰 상처를 주며 이혼했다. 지금은 매일 회사 일과 취미 활동에 몰두하고 있다. 가끔 술자리에서 만날 때면 호화로운 취미 생활에 대해 이야기하곤 하는데 씁쓸하고 공허하게 느껴져 '저런 삶을 살고 싶다'라는 마음은 들지 않는다.

더 좋은 간판과 높은 연봉을 위해 노력한 끝에 누구나 부러워할 만한 직장으로 이직한 친구도 있다. 그는 늘 그랬 듯 새로운 직장에서도 열심히 일했고 성과도 좋았다. 하지만 세계적 경제 위기로 금리 인상의 바람이 불면서 상황이 달라졌다. 회사가 구조 개혁을 감행하면서 해고된 것이다. 성과가 좋았음에도 회사 입장에서 기여도를 따졌을 때 그는 후순위였다. 회사는 물론 가정이나 사회에서도 지속 가능하려면 내가 기여하는 영역에 대체재가 없어야 한다.

나만의 비전을 찾는 법

기여하고 싶은 비전은 어떻게 찾아야 할까? 자신이 원하는 바가 무엇인지 알고 다른 사람의 성공과 비교하지 않아야 자신에게 맞는 비전도, 이를 위한 성장 방식도 찾을 수 있다. 사회적 시선으로부터 완전히 자유롭기는 어렵지만 우선순위를 타인에서 나로 바꾸는 건 가능하다. 자신이 세운 목표만 있다면 느려도 내가 원하는 길로 나아갈 수 있다.

다른 사람들의 성과를 좇을 필요는 없다. 모든 사람의 삶은 다르다. 사법고시, 행정고시, 외무고시와 같은 현대판 과거제도가 출세를 위한 등용문으로 여겨지던 시대도 있었지만, 이제 사회는 변했다. 성공의 형태는 정말 다양하다.

사회적 성공의 정점에 오른 사람들도 타인을 의식하기보다 스스로 가치 있다고 여기는 일에 몰입했다. 아마존의 창업자인 제프 베이조스는 프린스턴대를 졸업한 뒤 월가에서 승승장구하면서 안정적인 고액 연봉을 받는 높은 자리에 있었다. 하지만 월가에서 쌓은 경험을 바탕으로 인터넷 발전을 예상해 흔히 월가에서 이야기하는 성공과 반대되는 행보를 선택했다. 그때까지 이룬 모든 것을 버리고 자본금 300달러로 차고에서 인터넷 서점 아마존의 전신인 아브라카타브라를 창업한 것이다. 근시안적 성공보다는 자신의 열정이 향하는 곳에 투자해서 장기적으로 성장하는 방향으로 나아갔다.

테슬라의 CEO 일론 머스크는 어릴 적에 생존 실험을 했다. 핫도그와 오렌지를 박스로 사놓고 30달러로 한 달을 살 수 있는지 실험한 것이다. 그 결과, 당장 좋은 직장에서 안정적인 연봉을 받지 않아도 본인이 흥미로워하는 일을 할 수 있다는 것을 깨달았다.

성장 방법론에 정답은 없다. 다만 나는 본인이 가장 잘할 수 있고 흥미를 느끼는 일부터 찾아야 한다고 생각한다. 그러면 자연스럽게 동기부여가 되고 일론 머스크처럼 일주일에 100시간을 일해도 고통이 아닌 엔터테인먼트로 여기게 된다. 눈앞에 보이는 빠른 성공보다 느리지만 확실한 성장을 추구하면 결국 더 큰 성공을 이룰 수 있다. 연봉보다 비전을 추구하는 성장이야말로 결과적으로 가장 빠르게 목표를 달성하는 방법인 셈이다.

친구의 죽음을 겪고 결심하다

실리콘밸리에서 인턴십을 할 때 충격적인 소식을 접했다. 고등학교, 대학교, 군대 동기이자 20년 지기였던 친구의 비보였다. 소식을 접하자마자 매니저에게 이야기하고 바로 비행기표를 구입해 산호세 공항에서 노스캐롤라이나 주로 향했다. 직항이 없어서 애틀랜타나 텍사스를 경유하는 바람에 5시간이면 갈 거리를 8시간 이상 걸려 돌아갔다.

늘어난 비행 시간만큼 마음을 졸이는 시간도 길어졌다. 믿기지 않아 덤덤했다가 갑자기 슬퍼졌다가 멍해지는 복잡한 감정 상태가 지속됐다. 공항에 도착해 호텔 체크인을 한 후 친구의 MBA 동기들과 만나 자초지종을 듣고 친구가 살았던 아파트로 향했다. 정말 열심히 살아온 친구인데, 허망했다. 친구의 아버지와 동생을 어떻게 만나야 할지 걱정되었다.

사람을 구할 기술을 상상하다

고등학교 2학년 때 처음 만난 우리는 같은 반도 아니고 문과와 이과로 분야도 달랐다. 이동 수업을 하며 오가다 마주칠 때 그 친구가 다가와 말 걸어준 덕분에 친해질 수 있었다.

고등학교 2~3학년 내내 학교에서 마련한 공부방에서 야간 자율학습을 했고, 이해찬 1세대 수능에 이어 두 번째로 어려웠던 불수능 시험을 치른 뒤 낙담해 있다가 서울대 수시 1차 합격 소식을 듣고 같이 면접을 보러 KTX를 타고 상경했다.

결국 그 친구는 수시로 입학했고, 나는 수시에 떨어졌

다가 정시로 합격했다. 그렇게 같은 해 서울대에 입학해 함께 진로를 고민했고 연애 문제 같은 찌질한 고민도 함께 나눴다. 인연이라는 게 정말 있는지, 일부러 맞춘 것도 아닌데 같은 달 입대했고, 비슷한 시기에 대학을 졸업한 뒤 같은 회사에 취직했다.

이후 그 친구는 컨설팅 회사에서 오래 근무하다가 엘리트 코스를 밟듯이 MBA 과정을 이수하는 중이었다. 그런데 회사를 다니며 건강이 나빠졌는지 운동하던 중에 쓰러졌고 다시 일어나지 못했다. 관상동맥이 막힌 것으로 추정된다.

친구의 죽음은 여전히 비통하다. 바쁘게 생활하다가도 문득문득 그 친구와의 추억이 떠올라 마음이 무거워진다. 서울대 녹두거리에서 맥주 한잔하며 이야기 나누던 시절이 그립고, 인문대 캠퍼스를 함께 거닐던 때도 생각난다. 실없이 웃으며 같이 게임하던 장면들도 떠오른다.

그렇게 친구를 그리워하다가 문득 그런 생각이 들었다.

'그 친구를 위해 내가 할 수 있는 일은 없을까?'

연구자로서 기여할 수 있는 걸 고민하다가 메디컬 센서를 개발하면 좋겠다는 생각이 들었다. 그래서 스탠퍼드대에서 혈관 센서의 프로토타입을 연구 개발했다. 혈관 안에 아주 작은 센서를 삽입해서 문제가 생겼을 때 즉각 알림을 받는 기술이다.

우연히 찾아온 뜻밖의 기회

내가 스탠포드대 박사 후 연구원으로 입학했을 당시 일이다. 웨어러블 기기를 만드는 데 꼭 필요한 기술인 소프트 일렉트로닉스 분야의 세계적 대가 제난 바오(Zhenan Bao) 교수의 연구실에 박사 후 연구원으로 입학한 한국인 동료가 있었다. 조지아공대 박사과정 때부터 공동연구도 하고 같은 시기에 졸업한 데다 또 비슷한 시기에 스탠포드대에 입학해서 인연이 깊은 사이였다. 서로 성향도 잘 맞았다. 나는 여러 아이디어를 시도하며 일을 벌이는 오프너적 성향이고, 동료는 한 분야를 깊게 파며 꼼꼼하게 정리하는 피니셔적 성향이라 함께 연구하기 좋았다. 친하게 지내며 각자 연구에 대해 이야기를 나누곤 했다.

그러던 어느 날, 여느 때와 같이 우리는 코로나 팬데믹으로 사람이 거의 없는 캠퍼스에서 커피를 마시며 이야기를 나누고 있었다. 박사과정 때 공동으로 연구했던 주제를 확장할 방법에 대해 가볍게 논의하던 참이었다. 그런데 대화를 하던 중에 갑자기 유명을 달리한 그 친구가 떠올랐다. 동료에게 물었다.

"혈관에서 보내는 응급신호를 미리 알 수 없을까?"

그는 기다렸다는 듯이 자신의 연구실에서 비슷한 연구를 하고 있는데, 그 연구에 배터리 없이 무선으로 동작하는 스트레처블 센서 기술을 적용할 수 있겠다고 의견을 주었다. 반가운 소식이었다.

나는 스트레처블 센서 제작에 대한 원천기술을 가진 그의 주도하에 제난 바오 연구실과 공동연구를 하겠다고 지도교수에게 알렸다. 지도교수는 좋은 생각이라며 성과가 있을 것 같다고 독려했다.

안전한 삶에 기여하는 삶

미국 사람들이 잘 쓰는 표현 중에 이런 말이 있다.

"The devil is in the details."

직역하면 "악마는 세부적인 데 있다"인데, 보기에는 쉬워 보여도 세부적으로 들어갈수록 난관이 도사리고 있다는 뜻이다. 초소형 혈관 센서를 개발하면서 이 말을 절실히 실감했다.

수많은 난관과 도전이 이어졌다. 무선 센싱 회로를 설계해 제작했는데 기기가 전혀 작동하지 않아 새로 제작하기도 하고, 제작된 센서의 성능이 기대했던 만큼 나오지 않아 다시 제작하기도 했다. 시뮬레이션으로 여러 번 검증하며 새로운 공정 레시피를 개발해 다시 제작하기를 반복했다. 동물실험을 해주는 공동 연구자가 너무 바쁜 것도 난관이었다. 그의 일정에 맞추기 위해 또 잠도 못 자고 무리해서 실험을 준비했다.

그렇게 연구를 이어나간 끝에 우리는 혈관에 삽입할 수 있는 초소형 무선 센서를 개발했다. 친구의 죽음에서 시작된 연구 결과였다. 일부 내용은 책으로 정리해 미국의 세계적인 학술서 출판사 엘제비어에서 출판했고, 연구 결과는 세계에서 가장 저명한 과학 잡지 중 하나인 《네이처》의 자매지에 게재하려고 준비 중이다.

아직은 연구 자료로 존재할 뿐이지만 언젠가는 직접 양산해 내 친구처럼 혈관 문제로 세상을 떠나는 사람이 없도록 일조하고 싶다. 시간이 얼마나 걸릴지 알 수 없지만 그건 중요하지 않다. 사람을 살리는 기술을 개발하고 상용화함으로써 사회에 기여하자고, 다시 한번 다짐했다.

김박사넷 연재부터 책 출판까지

PLAN
B

박사 유학 시절 잠시 귀국해 학부 동기를 만났다. 그는 대학교 내부자가 아니면 알기 힘든 실제 연구실 정보를 온라인에 공개해 학생들의 알 권리를 보장하는 서비스를 구상하고 있었다.

"대학원생들은 사실상 학계에서 소외 계층이잖아. 그들의 인권을 보장하는 방법을 고민 중이야. 제도를 만드는 게 가장 이상적이지만 십수 년간 바뀌지 않는 것이 현실이니까. 나는 연구실 문화를 개선하는 데 일조하고 싶어."

국내 최초의 대학원 커뮤니티 '김박사넷'의 시작이었다. 당시 변리사로 일하던 유일혁 대표는 고소득이 보장된 길을 포기하고 김박사넷 미국 사업 준비에 나섰다.

실리콘밸리의 하숙집에서 쓴 글

이야기를 들어보니 취지가 좋았다. 기회가 된다면 사업 개발을 돕고 싶다는 생각이 들었다. 그래서 유일혁 대표가 '김박사넷'에 개설할 해외 대학원 정보 서비스에 글을 연재해 보면 어떻겠냐고 제안했을 때 냉큼 좋다고 대답했다.

마침 박사학위를 마치고 박사 후 연구원 과정을 시작하기 전까지 한두 달의 여유 시간이 있었다. 인턴십과 박사과정을 동시에 진행하며 매일 바쁘게 지내다가 갑자기 아무것도 안 하려니까 심심하고 좀이 쑤셨다. 나는 베짱이인 줄 알았는데 알고 보니 워커홀릭이었다. 서비스의 취지도 좋고 시간도 충분했기에 연재를 하지 않을 이유가 없었다.

하지만 한편으로는 이제 막 박사 후 연구원으로 스탠퍼드대에 입학해 교수 임용을 준비하던 가난한 내게 충분한 자격이 있는지 고민되었다.

'학계의 피라미 같은 존재인 내 말을 듣고 싶어 하는 사람이 있을까?'

나보다 더 많은 것을 이룬 사람이 넘치는 세상이다 보니 겸손한 마음이 들었다. 당시 나는 박사과정을 졸업하고 실리콘밸리로 이사한 상황이었다. 에어컨도 없는 가정집에서 하숙하듯 남는 방 하나를 빌려 살았다. 실리콘밸리는 기후가 선선해 오래된 단독주택의 경우 에어컨이 없는 게 일반적이었다. 살인적인 물가로부터 살아남으려면 어쩔 수 없었다. 나처럼 돈 없는 학생, 박사 후 연구원, 사회 초년의 직장인들은 그렇게 남는 방을 하나씩 빌려 살았다.

에어컨도 안 나오는 내 방에는 낡은 퀸사이즈 침대 하나와 조그만 책상, 자그마한 빨간 냉장고 하나가 있었다. 방음도 되지 않아서 온종일 이어폰을 꽂고 생활했다. 나중에 퇴근 후 몸을 누이고 잠시 쉬기에는 충분한 공간이었지만, 어디에도 출근하지 않던 당시 온종일 시간을 보내며 일상을 즐기기에는 적합하지 않은 집이었다. 매일 한인 타운에 있는 카페로 출근 도장을 찍었다.

나는 아직 보잘것없는 존재였다. 하지만 결국 길고 긴 고민 끝에 글을 연재하기로 결심했다. 한국에서 막연하게 외국의 공대 대학원 석박사 과정을 고민하고 있을 학생들에게 조금이나마 도움을 주고 싶었다.

모든 경험은 데이터로 남는다

온종일 책상 앞에 앉아서 줄기차게 썼더니 2~3주 사이에 제법 많은 글이 모였다. 하지만 막상 쓰고 보니 이 글을 어디에 어떻게 연재할지 고민되었다. 유일혁 대표와 머리를 맞대고 논의했다. 우리는 김박사넷에 '매거진'이라는 페이지를 만들어서 매주 한 편씩 글을 올리기로 했다.

하지만 또 글을 올리려고 보니 다시 고민이 시작되었다. 정제되지 않은 이 글을 어떻게 나누고 다듬을지 막막했다. 당시만 해도 교수를 준비하던 중이라 김박사넷에 글을 연재하는 것이 맞는지도 망설여졌다. 그러던 중 스탠퍼드대에서 일을 시작했고 눈코 뜰 새 없이 바빠졌다. 그렇게 연재 계획은 흐지부지되었다. A4 용지 100쪽 분량의 글은 내

구글 드라이브에 고요히 잠들었다.

그 후로 5년의 시간이 흘렀다. 나는 그사이 박사 후 연구과정을 마쳤고 교수 임용을 포기했고 애플에 입사했다. 그리고 오랜만에 유일혁 대표와 만났다. 김박사넷에 연재할 생각으로 실리콘밸리의 작은 하숙집에서 열심히 글을 쓰던 때를 함께 회상했다. 그런데 대화 끝에 유 대표가 넌지시 한마디를 건넸다.

"네가 따로 출판해 보면 어때?"

한때 출판을 고려한 적도 있지만 오래전이라 잊고 있었는데, 유 대표의 한마디에 가슴이 두근거렸다. 기억 속에서 사라졌던 그때의 열정과 포부가 되살아났다. 지금 책을 쓴다면 5년 전보다 더 많은 경험을 담아낼 수 있을 것 같았다.

"그래, 한번 해보자!"

성장형 사고와 고정형 사고

출판 경로에 대해 인터넷으로 검색해 보았다. 딱히 확실한 답은 얻을 수 없었다. 예전에 일본어책 번역을 의뢰받았다가 무산된 출판사가 생각났다. 예전 이메일을 뒤져서 담당자에게 책을 출판하고 싶다고 다짜고짜 연락했다. 하지만 담당자가 바뀐 것인지, 관심이 없던 것인지 소식이 없었다.

일단 칼을 뽑았으니 뭐라도 해보고 싶었다. 출판 경험이 있는 지인들을 수소문했다. 하지만 교수님들은 교과서 출판 경로밖에 몰랐다. 출판 경험이 있는 또 다른 지인을 찾았지만 브런치에 연재한 글을 PDF로 자비 출판한 경우라 내가 찾는 방향이 아니었다.

거의 포기할 때쯤 한 사람이 떠올랐다. 테니스 모임을 함께하는 정신과 의사 누나가 책을 출판했다고 한 말이 생각난 것이다. 곧바로 누나에게 연락했고 감사하게도 흔쾌히 도와주겠다며 나서주었다. 자신과 작업했던 편집자를 통해 출판사와 연결해 주었고, 4년 전에 쓴 글에 새로운 이야기를 더해 책을 출간하게 되었다.

사고 유형에는 크게 두 가지가 있다. 성장형 사고와 고정형 사고다. 고정형 사고를 하는 사람은 현재 자신의 상황을 개선하기보다 유지하는 데 관심이 많아 자기 합리화의 함정에 빠지기 쉽고 새로운 도전을 기피한다. 반면 성장형 사고를 하는 사람은 더 나은 방향을 늘 고민하기에 새로운 도전을 지향한다. 정체되지 않는 것이다.

나는 성장형 사고를 하려 노력한다. 삶에서 마주하는 다양한 상황 속에서 열린 마음으로 여러 가능성을 모색하며 살고 싶기 때문이다. 그 덕분에 막연하게 상상만 하던 출판이라는 꿈도 현실로 만들 수 있었다. 두려움 없이 경계를 넘나든 결실이었다.

애매모호한 태도의 결과

어느 날 로스앤젤레스의 헤드헌터로부터 연락을 받았다. 인공 안구를 만드는 회사에서 사람을 구하는데 스탠퍼드대 인공 안구 연구팀에서 일한 내 경력과 잘 맞을 것 같다는 제안이었다. 나는 이직을 고려하지 않았지만, 연구 경력을 살릴 수 있다는 게 흥미로워서 인터뷰 제안을 받아들였다.

한국에서 재택근무를 하던 중이라 면접 일정을 잡기가 까다롭고 번거로웠다. 하지만 알아볼수록 매력적인 회사라

욕심이 났다. 일론 머스크와 뉴럴링크를 공동 창업한 막스 호닥(Max Hodak)이 세운 회사로, 이제 시작한 스타트업인데 벌써 160만 달러를 투자받은 곳이었다. 그만큼 많은 투자자가 성공을 보장하는 회사라는 증거였다.

한국 시간으로 아침 7시, 첫 번째 화상 인터뷰를 했다. 이른 시간이었고 발표를 준비할 여유도 없었다. 교수 면접 때 준비해 둔 자료를 30~40분으로 줄여서 발표했다. 생각보다 반응이 좋았고 한 시간 뒤에 바로 피드백을 받았다. 내 발표를 인상 깊게 들었으니 미국에 돌아오면 면접을 보자는 제안이었다. 스탠퍼드대 인공 안구 연구팀 경력이 있으니 당연한 결과라고 생각했다. 플랜 A가 아니었기에 그 뒤로는 아무것도 준비하지 않았다.

이 정도는 문제없지

3주 뒤 미국에 돌아오자 헤드헌터로부터 거의 매일 문자가 왔다. 회사에서 빨리 채용 절차를 이어나가고 싶어 하니 서둘러 면접 일정을 잡자는 것이다. 날짜를 정하고 회사에 대해 더 조사했다. 알아볼수록 흥미가 생겼다. 당시에 나는 이미 면접 경험이 많았고 웬만하면 이 단계에서 떨어진 적이 없었다. 학부 과정 때 공부하던 교과서까지 복습하며 면접을 준비하던 이전과 달리 더는 시간을 쓰지 않았다.

면접 날 아침, 준비를 전혀 하지 않은 탓에 조금 긴장되었지만 담담하게 차에 시동을 걸고 출발했다. 집에서 차로 한 시간 정도 걸리는 회사는 샌프란시스코와 오클랜드 중간의 알라메다섬에 있었다. 한 번도 방문한 적이 없는 곳이었다. 이 섬으로 진입하려면 오클랜드 부근에서 다리를 건너야 하는데 치안이 안 좋기로 유명한 지역이라 벌써부터 걱정이 밀려왔다.

'매일 이곳으로 출근할 수 있을까.'

정문에 들어서니 인사 담당자가 기다리고 있었다. 바로 시험장으로 안내받고 30분 동안 풀이할 시험지 한 장을 받았다. 필기시험을 본 지 수년이 지났고 준비도 전혀 안 된 상태라 당황했지만 그래도 더듬더듬 문제를 풀었다. 답에 대한 확신은 없었다. 망한 것 같다는 느낌이 들었다.

밖으로 나오니 엔지니어 한 명이 기다리고 있다가 회사

내부 곳곳을 안내해 주었다. 으리으리한 회사는 아니었지만 실험 장비, 조직, 그리고 인력을 짜임새 있게 잘 갖춘 곳 같았다. 창업한 지 2년밖에 되지 않았는데 어떻게 이 정도로 만들었는지 감탄이 나왔다. 창업자가 베테랑인 듯했고 성공할 수밖에 없어 보였다. '조금 더 공부해 둘걸' 하는 후회가 들었다. 망한 필기시험은 뒤로하고 남은 면접이라도 잘 봐야겠다고 다짐했다.

이후 면접은 크게 어렵지 않았다. 질문 공세가 쏟아졌지만 침착하게 답했고 커뮤니케이션도 잘했다고 생각했다. 면접을 마친 뒤 담당자는 48시간 이내에 남은 채용 절차를 알려주겠다고 말했다. 급하지 않으니 천천히 알려줘도 된다며 여유를 부리고 돌아왔다.

불성실한 자신감의 결말

면접 다음 날은 노동절 연휴였다. 3일 연휴였으니 결과 통보도 늦어질 수밖에 없었다. 하지만 연휴가 끝난 화요일까지도 연락이 없었다. 평소처럼 일하면서 평정심을 유지하려 했지만 불안감이 밀려왔다. 보통 미국 회사들은 인터뷰를 잘 본 경우 결과를 당일에 통보하고 바로 채용 논의를 하기도 해서 더 초조해졌다.

화요일이 되자마자 헤드헌터가 연락을 주었다. 팀에서 나를 아주 마음에 들어 하니 그다음 절차로 넘어가는 것은 거의 확실하다고 했다. 연휴 때문에 결과 발표가 늦어지는 것 같다고 말했다.

그리고 수요일이 되었다. 출근 시간인 오전 9시가 되자 칼같이 메일이 들어와 알림이 떴다. 면접을 보고 온 스타트업 회사였다. 메일은 이렇게 시작했다.

"Thank you for…"

뭔가 잘못되었음을 감지했다. 보통 면접 결과를 통보하는 메일이 "Thank you"로 시작하면 불합격일 확률이 높다. 출근하려고 차에 타면서 이메일 스크롤을 천천히 내렸다. 역시나 불합격 메일이었다.

당황했다. 자칭 타칭 인공 안구 하드웨어 설계 분야의 전문가인 내가 스타트업 면접에서 떨어지다니, 너무 황당해서 기분이 가라앉았다.

성공으로 이끄는 결정적 힘

많은 거절 메일을 받아봤지만 매번 기분이 좋지 않은 건 어쩔 수 없었다. 전화위복의 기회라고 스스로를 위로했지만 눈앞에서 기회를 놓쳤다고 생각하니 너무 아쉬웠다. 아무 일도 없었던 것처럼 일하고 집으로 돌아와 실패 요인을 분석했다.

첫째, 그 분야의 전문가라 생각해 준비를 전혀 하지 않았다. 자만한 것이다. 전문가를 뽑는다면 기대가 높다는 뜻이기에 더 열심히 준비해야 했다.

둘째, 플랜 B라 대강 준비해도 된다고 생각했다. 준비는 120퍼센트를 해도 부족하다. 어떤 선택을 할지 고민되는 상황이라 해도 면접이나 시험은 최대한 잘 본 다음에 고민해야 한다.

셋째, 면접에서 너무 솔직하게 답했다. 내가 당장 할 수 있는 일과 없는 일에 대해 적나라하게 말했다. 해당 분야에 역량을 갖춘 사람이 필요해서 질문한 것일 텐데, 지금은 조금 부족하지만 더 공부해 팀에서 요구하는 역량을 갖추겠다고 답했어야 했다. 그리고 역으로 어떤 인재를 원하는지 질문했어야 했다. 이러한 적극성도 팀원으로서 필요한 역량이기 때문이다.

이 경험으로 어떤 결과를 만드는 데 가장 중요한 것은 이력도, 역량도, 자신감도 아니라는 걸 깨달았다. 그 모든 요소를 뛰어넘는 절대적인 힘, 그건 바로 태도였다. 준비를 제대로 하지 않은 것도, 면접에서 적극성을 보이지 않은 것도 결국은 애매모호한 태도가 만든 결괏값이었다.

결과는 내가 그 일을 어떻게 대하느냐에 따라 달라진다. 예외는 없다. 실패한 뒤에야 깨달았다.

높은 면접 성공률의 비밀

나는 한국, 일본, 미국에서 대학 입시, 회사 취업, 교수 임용, 스타트업 투자 등을 위해서 100번 이상 원서를 쓰고 30번 이상 면접을 봤다. 화기애애했던 면접 분위기와 달리 불합격 통보를 받은 적도 많고, 예상치 못한 합격 소식에 어안이 벙벙했던 적도 있다. 조직마다 기준과 분위기가 다르지만 면접은 결국 해당 조직과 직무에 맞는 사람을 뽑는 자리다. 범위가 정해져 있는 시험이 아니기 때문에 경험을 쌓으며 감을 잡는 것이 중요하다. 대학, 대학원, 기업을 통틀어 면접 성공률을 높이는 다섯 가지 전략을 소개한다.

첫째, 중요한 면접은 나중에 본다

입사 지원할 때 대부분은 가장 가고 싶은 1지망부터 지원한다. 마음이 조급하기 때문이다. 하지만 중요한 면접은 뒤로 미루는 게 유리하다. 누구든 처음부터 잘하기는 힘들다. 처음이라 더 긴장할 수도 있고, 면접 자체에 익숙하지 않거나 준비가 덜 되어 실수할 가능성도 크다. 우선순위가 떨어지는 면접부터 보며 충분히 연습하자. 면접 형식을 익히고 긴장감을 낮출 수 있다. 이런 전략은 미국에서 인도인, 중국인 친구들을 통해 배웠다. 이들은 2지망, 3지망 회사부터 지원해 면접을 보며 실전 연습을 했다.

둘째, 면접관에 대해 미리 알아본다

면접관의 배경을 조사하자. 어느 학교에서 어떤 분야를 전공했고 관련 논문이나 특허는 무엇이 있으며 해당 팀에서 어떤 일을 하는지 등을 알아보는 것이다.

　면접관도 사람인지라 자신이 잘 알고 있는 문제를 내기 마련이다. 학교 다닐 때 연구한 내용, 전공한 분야, 현재 회사 업무를 연관 지어 질문할 가능성이 높다.

　면접관에 대해 미리 알아보고 가면 그의 입장에서 생각할 수 있어 질문의 맥락을 파악하기도 쉽다. 듣고 싶어 할 대답을 예측해 정확도를 높이는 것이다.

셋째, 면접관과 적극적으로 소통한다

　"문제도 다 풀었는데 왜 떨어졌는지 모르겠어."

　면접에서 떨어진 친구들이 자주 하는 말이다. 이런 경우는 보통 문제를 푸는 데 집중하느라 질문의 의도를 파악하지 못했거나 면접관과 소통하지 못했을 가능성이 크다. 문제 풀이도 중요하지만 어떨 때는 답을 찾아가는 과정을 보여주는 게 더 중요하다.

　면접의 목적은 분명하다. 면접관이 자신과 같이 일할 사람을 뽑는 것이다. 아무리 정답을 맞혔어도 같이 일할 마음이 들지 않으면 뽑는 데 망설여질 수밖에 없다. 그래서 면접에서는 전문성뿐만 아니라 협업할 만한 사람인지도 본다. 문제 푸는 과정을 통해 인성, 참을성, 포용력, 문제 해결력 등을 보는 것이다. 수동적으로 답을 맞히며 평가받는 대상으로 머물기보다, 능동적으로 면접관과 소통하며 참을성 있게 문제를 해결할 때 높은 점수를 받을 수 있다.

넷째, 모르면 솔직하게 말한다

전혀 예상치 못한 문제가 나오면 정답을 맞히려 애쓰기보다 면접관과 솔직하게 소통하며 논리적으로 차근차근 결론에 도달하는 모습을 보여주어야 한다.

내가 면접 때 받은 가장 기억에 남는 질문은 디스플레이 회로 전체를 그려보라는 것이었다. 디스플레이를 전공한 적도 없고 관련 분야에 완전히 문외한이어서 사전 조사로 조금 공부한 것이 전부였다. 그래서 솔직히 모르겠다고 말하고, 어떤 회로 소자를 쓸 수 있는지 질문했다. 그러자 면접관은 친절하게 보기를 주었다. 보기를 바탕으로 디스플레이의 기본이 되는 픽셀 회로를 그렸고, 면접관은 점차 질문의 폭을 넓혀 구동 회로부터 시스템 설계까지 요청했다. 각 회로에서 어떤 문제가 발생할 수 있는지, 그 문제를 해결하려면 어떻게 해야 하는지 질문했다.

나는 내가 아는 분야로 연결될 때까지 출제자와 대화하면서 침착하게 답을 추론했다. 결론적으로 30분 예정이었던 인터뷰를 한 시간 반 정도 진행했고, 면접관은 내가 내놓은 답, 접근 방식, 출제자와 협업해 답에 도달하는 방식에 모두 만족했다. 결과는 합격이었다.

다섯째, 면접은 쌍방이다

면접은 선택받기 위해 일방적으로 나를 보여주는 자리가 아니다. 나 역시 면접관과 회사에 대해 알아보는 기회로 활용해야 한다. 면접관이 수많은 후보 중에서 적임자를 선택하듯이 나도 수많은 회사를 검토하고 선택하는 것이다.

연봉, 직무, 직책, 회사의 평판만큼 중요한 게 동료이고, 면접관 대부분은 입사 후 나와 일할 사람들이다. 사전에 회사에 관한 다양한 질문을 준비해서 면접관에게 묻고 어떤 분위기인지 가늠하자. 이를 통해 적극적인 태도도 보여줄 수 있다.

우리는 대부분 누군가가 짜놓은 사회의 규칙 안에서 살아간다. 어떤 중차대한 결정을 할 때 본인에게 주도권이나 결정권이 없는 경우가 훨씬 많다.

내가 목표하는 바가 있다면 이럴 때 결정권자의 입장에서 생각해야 한다. 답은 내가 아니라 상대에게 있는 것이다. 합격하는 면접의 핵심이다.

스트레스는 줄이고, 효율은 높이고

돌이켜 보면 해야 할 일은 항상 많았다. 굉장한 성공을 이룬 것도 아닌데 이날 이때까지 제대로 쉰 적이 없다. 삼성전자를 퇴사하던 날 동남아 리조트로 여행을 떠나 유유자적하며 휴식을 취했는데, 내 인생에서 여유로운 시간은 그때뿐이었다. 쉴 기회가 있어도 스스로 일을 벌였다.

늘 정신없이 바쁘게 살았지만, 특히 박사과정을 공부하며 인턴십으로 일할 때는 그야말로 매일 밤을 뜬눈으로 지새웠다.

극한의 상황에서 일한다는 것

박사과정 막바지였던 1월 2일, 인턴십을 시작한 나는 인턴이니까 널널할 것이라는 기대와는 달리 첫날 오리엔테이션을 받자마자 업무에 투입되었다. 당장 학회 발표도 준비하고 학회 논문과 저널 논문도 마감해야 했다. 졸업논문을 쓰고 박사 논문 발표도 준비해야 했다.

낮에는 일하고 밤에는 논문을 쓰는 날들이 계속되었다. 회사에서 저녁 8시에 퇴근하든 12시에 퇴근하든 일단 회사를 나와 숙소로 돌아오면 침대 하나와 서랍장 하나가 겨우 들어갈 만큼 작은 방 안에 의자를 놓고 앉아서 컴퓨터부터 켰다. 그리고 매일 논문 작업에 몰두했다.

그 바쁜 와중에 체력 관리를 위해 아침마다 회사 체육관에 가서 운동도 했다. 그게 불과 5년 전인데, 이때까지만 해도 체력이 되었던 것 같다. 지금은 그렇게 하고 싶어도 체력이 받쳐 주지 않는다.

스탠퍼드대 박사 후 연구원으로 일하면서 교수 지원과 면접 준비, 회사 지원과 면접 준비를 병행할 때도 극한의 상태로 일했다. 심지어 해야 할 일이 딱 정해져 있던 것도 아니어서 스스로 할 일을 만들어야 했다. 업무량도 딱히 정해져 있지 않았다. 그냥 많이 하면 할수록 좋았다.

그래서 우선순위를 먼저 정했다. 연구도 끝이 없는 일이었고, 교수나 회사 지원도 내가 끝낼 때까지는 끝나지 않을 일이었다. 일단 자리가 있어야 연구도 이어갈 수 있기에 교수직에 지원하는 일에 집중하기로 했다. 한국의 호텔에서 2개월간 거의 나가지도 않고 교수직 지원서를 작성했다. 그렇게 지원을 완료한 뒤 잠시 미뤄두었던 연구를 다시 진행했다. 회사에도 하나둘 입사 지원서를 내기 시작했다.

효과적으로 일을 처내는 4단계 전략

해야 할 일이 너무 많으면 오히려 일이 손에 잡히지 않고 스트레스만 쌓인다. 그럴 때 나는 모든 일정을 취소하고 일단 책상에 앉는다. 처음에는 일에 속도가 붙지 않고 미적거리게 되지만 가만히 앉아서 조금씩 뭐라도 하다 보면 어느 순간 관성이 붙는다.

나는 일을 쳐낼 때 4단계 방법을 활용한다. 1단계, 일의 우선순위를 정해 중요하고 긴급한 일부터 처리한다. 중요하지만 긴급하지 않은 일은 계획하고, 긴급하지만 중요하지 않은 일은 다른 사람에게 위임한다. 그 외의 일은 과감히 포기한다.

2단계, 단순 업무는 잠깐 시간이 날 때 처리한다. 일을 처리하는 데는 예열 시간과 연속으로 쓰는 시간이 필요한데 보통 단순 업무는 예열 시간이 짧아 틈틈이 처리하는 게 효율적이다. 이런 업무는 속도가 빠르게 붙다가 그만큼 빨리 떨어지기 때문에 업무 속도가 가장 높은 순간에 빠르게 끝내야 한다.

3단계, 창의적인 업무는 예열 시간과 연속으로 쓰는 시간을 길게 확보한 뒤 처리한다. 머리를 많이 쓰는 일은 예열 시간이 상대적으로 긴데, 이때 책상에 앉아 빈둥거리거나 운전하거나 산책하면서 느슨하게 생각을 펼쳐낸다.

4단계, 생각이 어느 정도 정리되면 책상에 앉아서 집중적으로 실행한다. 예열 시간이 2시간이면 실질적인 업무 처리 시간은 그보다 서너 배 긴 6~8시간을 확보한다.

1단계	단순 작업과 창의적인 작업을 나눈다.
2단계	잠깐 시간이 날 때 단순 작업을 처리한다.
3단계	예열 시간이 필요한 창의적인 일은 단순 작업 또는 운동이나 산책을 하며 생각을 정리한다.
4단계	몰입할 수 있는 충분한 시간을 확보해 생각을 실행한다.

박사과정과 박사 후 연구원으로 있을 때 주요 업무는 연구와 논문 집필이었다. 둘 다 매일 조금씩 하는 것보다 하루 날을 잡고 그 일에만 몰두하는 게 효율적이었다.

실행이 답이다

보통 업무는 문제를 정확히 파악하고 원인을 찾아 그 일을 해결하는 식으로 처리하는데, 여기에는 요령이 따로 없다. 그냥 무작정 책상에 앉아서 다 해결될 때까지 버텨야 한다. 단번에 집중하기는 어렵기에 예열 시간 동안 반복적이고 단순한 일을 하면서 생각을 정리한다.

내가 석사과정 때부터 연구한 반도체 회로설계 분야에서는 설계를 마치면 반도체 회로 소자 심벌을 수백 개의 반도체 공정에 맞춰 그림으로 그린다. 복잡한 배선 작업을 할 때는 섬세한 판단이 필요하지만 그다음에는 무아지경으로 그리는 과정을 반복한다. 이를 레이아웃이라고 부르는데, 논문 쓰기와 같은 복잡한 업무를 하기 전 예열 시간에 레이아웃을 그리며 생각을 다듬곤 한다.

산책이나 운동으로 예열하는 것도 좋다. 난도가 낮은 업무를 처리하면서 난도가 높은 창의적인 일도 동시에 할 수 있어 효율적이다. 업무가 쌓여 스트레스를 받는다면 당장 무엇부터 할지 계획을 짜서 스트레스의 근원을 제거하자. 야속하지만 실행이 답이다.

줌 창업자에게 워라밸을 배우다

스탠퍼드 스타트업 챌린지 행사장에서 반가운 사람을 만났다. 코로나 팬데믹 이후 너무나 유명해진 줌의 창업자 에릭 위안(Eric Yuan)의 강연을 듣게 된 것이다.

에릭 위안은 중국 산둥성의 대학에서 공부하면서 여자 친구와 장거리 연애를 했는데 그때의 경험이 화상 통화 서비스를 개발하는 계기가 되었다고 한다. 하지만 줌을 개발하기까지 오랜 시간 많은 어려움을 겪었다. 화상 통화 서비스에 사업성이 있다고 생각해 실리콘밸리로 이주하려 했지만 비자 인터뷰에서 여덟 번이나 거절당한 것이다. 아홉 번째 만에 겨우 비자를 받아 1997년 시스코시스템스에 입사한다.

아메리칸드림을 품고 도미했지만 미국에서도 삶은 순조롭지 않았다. 문화와 언어의 장벽을 느꼈고 친구도 없어 외로운 시간을 보내야 했다. 그러나 비자를 여덟 번이나 거절당한 경험은 그에게 끈질긴 집념을 심어주었다. 어떠한 어려움에도 굴하지 않고 목표를 향해 나아가는 강인한 의지와 인내심을 성공의 핵심 요소라고 생각하게 된다.

에릭은 회사에서 10년간 미친 듯이 일하며 빠르게 성과를 냈다. 밤이고 낮이고 주말도 없이 일한 덕분에 VP로 승진한다. 그러던 어느 날 비디오 콘퍼런스콜 소프트웨어인 웹엑스에 대한 고객들의 모바일 경험이 아주 좋지 않다는 피드백을 받는다. 하지만 시스코시스템스는 개선하려는 노력을 보이지 않았고, 에릭은 크게 실망한다. 고객의 불만을 개선할 의지가 없어 보일 때 "정말 회사에 가기 싫었다"고 한다. 결국 에릭 위안은 회사를 나와 줌을 창업한다.

끈질기게 일할 마음의 준비

창업 이후 에릭에게는 또다시 위기가 시작된다. 그는 시스코시스템스의 VP였기에 스타트업을 창업하면 투자금이 쉽게 모일 것이라고 기대했다. 하지만 현실은 달랐다. 투자자들은 줌을 가리켜 "또 다른 화상 회의의 도구일 뿐"이라며 평가 절하했다. 물론 투자도 하지 않았다.

에릭은 집에 돌아와서 절치부심한다. 그들의 생각이 틀렸다는 걸 증명하겠다고 결심한 것이다. 컴퓨터 스크린의 배경 화면을 "너는 틀렸어!(you are wrong!)"라고 바꾸고 줌의 기능을 개선하고 사업성을 높이기 위해 연구한다.

그러던 중 코로나19가 터진다. 에릭은 코로나가 팬데믹으로 확장하기 시작할 무렵 기존의 B2B 비지니스 모델을 B2C로 빠르게 확장한다. 이 일은 시스코시스템스에서부터 그의 비전을 본 40명의 엔지니어가 줌에 합류한 덕분에 가능했다. 그는 강연에서도 평판과 네트워크의 중요성을 강조했다.

에릭 위안은 성공의 비결을 묻는 질문에 '제품 경험을

개선하고 고객 만족도를 유지하는 것'이라고 답했다. 그러면서 그의 딸과 있었던 일을 들려주었다.

어느 날 딸이 물었다.

"아빠, 줌으로 통화하다가 손을 들고 질문하려면 어떻게 해야 해?"

에릭은 깜짝 놀랐다. 자신의 딸이 줌을 사용할 거라고 생각해 본 적이 없었기 때문이다. 이내 정신을 차린 그는 고객을 만족시키기 위해 곧바로 엔지니어들과 머리를 모았다. 그리고 연구 끝에 새로운 아이콘을 추가했다. 줌 미팅을 하다가 손 모양의 아이콘을 클릭하면 머리 위에 손을 든 것처럼 아이콘이 뜨게 만든 것이다. 몰아치는 업무에 다들 지쳐 있었지만 언제나 끈질기게 일할 마음의 준비가 되어 있고 문제를 극복할 자신이 있었기에 가능한 일이었다고 말했다.

일이 삶이고, 삶은 일이다

에릭은 일과 삶의 균형을 유지하는 것도 중요하지만 균

형에 너무 집착하지 말라고 강조했다. 열정을 쏟을 일이 있다면 그것은 이미 삶의 일부라는 것이다. 그에게 일은 삶이고, 삶은 일이었다.

강연이 끝나고 그에게 다가가 질문했다.

"일은 삶이고 삶은 일이라면, 결국 일만 하는 삶을 살게 돼 가족이 불행해지지 않을까요?"

에릭은 매우 확신에 찬 모습으로 답했다.

"두 가지가 상충된다면 당연히 가족이 먼저입니다."

삶의 목적은 행복이고 그 행복은 지속 가능해야 하는데, 행복의 지속가능성은 가족을 행복하게 하는 데서 나온다는 것이다. 대부분의 미국인과 비슷한 마인드였다. 미국인들은 점심도 제대로 못 먹을 정도로 촉박하게 일하다가도 아이의 하교 시간이 되면 만사 제쳐두고 뛰쳐나가 아이를 데리고 올 정도로 가족 중심적이다. 아이를 맡길 곳이 없으면 재택근무도 가능하다.

그런데 에릭은 리더로서 줌을 제2의 가족으로 바라보는 듯했다. 그는 직원, 주주, 고객 또한 항상 행복하게 해주어야 한다고 강조했다. 직원이 행복해야 고객도 행복하고 장기적인 수익을 창출해 주가도 오르며 주주도 행복해진다는 것이다. 회사는 직원이 가장 많은 시간을 보내는 곳이기에 행복하게 일할 환경을 만들어야 걱정거리도 줄고 업무 효율도 높아진다고 말했다. 역시 그에겐 일이 삶이고 삶이 일이었다.

일로부터 분리된 시간이 필요하다

내게 일과 삶의 균형을 맞춘다는 건 여전히 어려운 문제다. 지금까지 일상에서 일과 삶의 균형이 맞춰져 있다고 의식한 순간은 딱히 없었다. 나 역시 일이 삶이고 삶이 일이었다. 그도 그럴 것이, 업무 강도가 높은 기업에서 일하거나 항상 연구에 몰입해야 하는 학교 연구직으로 있었기에 일과 삶을 분리하기 어려웠다. 하지만 덕분에 수없이 몰입하는 경험을 할 수 있었고, 몰입한 덕분에 강도 높은 업무도 노역이 아닌 즐거움으로 받아들일 수 있었다.

바쁜 삶에 어느 정도 익숙해지고 통제 가능해지면서, 스탠퍼드대 박사 후 연구원으로 일한 초반에는 일과 삶의 균형을 어느 정도 유지했다. 주 4회 테니스도 치고 매일 아침 운동도 했다. 필요하면 주중 점심이나 오후에도 시간을 내서 여가 활동을 즐겼다. 물론 필요하면 주말에도 일했지만 대부분의 주말에는 일을 완전히 잊고 쉴 수 있었다.

일과 삶의 균형이라고 하면 보통 일하는 시간에 초점을 맞춘다. 얼마나 오랫동안 일하느냐를 따지는 것이다. 하지만 나는 일하는 시간보다 내가 필요할 때 일과 삶을 분리할 수 있느냐가 관건이라고 생각한다. 일주일에 40시간을 일하고 나머지 시간에도 일 때문에 스트레스를 받는다면 균형 잡힌 삶이 아니다. 단 몇 시간이라도 일에 관한 생각에서 완전히 벗어날 수 있다면, 내 의지로 일과 삶을 분리할 수 있다면 균형 잡혔다고 말할 수 있지 않을까.

힘 빼기의 기술

세일링은 보트에 돛을 달아 항해하는 스포츠다. 나는 2009년 싱가포르의 IT 기업에서 인턴으로 근무할 때 세일 링을 처음 시작했다.

서버 엔지니어로 있던 켄이라는 동료와 친하게 지냈는 데 어느 날 그가 뜬금없이 말을 꺼냈다.

"시간 되면 나 세일링 하는 데 따라올래?"

당시만 해도 한국에서 세일링은 생소한 스포츠였다. 나 는 값비싼 요트를 타러 가자는 말로 오해하고 잔뜩 들떠서 따라갔다.

그런데 목적지에 도착해 보니 한두 명 정도 탈 수 있는 하얀색의 작은 요트가 있었다. 올림픽 경기 때 선수들이 타는 레이저2로, 내가 기대했던 럭셔리한 요트와는 사뭇 달랐다. 3만 원 정도면 종일 이용할 수 있으니 요금도 비싸지 않았다. 나는 이때부터 취미로 종종 세일링을 즐겼다.

오사카대에서 교환학생으로 있을 때는 동아리 사람들과 함께 바다로 세일링을 하러 나갔고, 한국에 돌아와서는 한강에서 배를 탔다. 실리콘밸리에 와서는 마운틴뷰에 있는 호수에서 초중급 과정을 이수하고 자격증까지 땄다. 지금도 날씨가 좋고 시간 여유가 있을 때면 종종 세일링을 즐긴다.

방향을 바꾸는 두 가지 방법

세일링을 할 때 배는 바람에서 동력을 얻어 앞으로 나아간다. 그러니 바람의 힘을 어떻게 이용하느냐에 따라서 속도가 달라진다. 바람을 등지고 달리면 에너지 효율이 높아 빠르게 주행할 수 있지만, 바람을 마주하고 달리면 배가 멈추지 않도록 돛을 좌우로 왔다 갔다 하며 거슬러 올라가야 해서 에너지 효율이 낮고 속도도 느리다.

바람의 방향으로 갈 때는 속도가 나서 기분이 좋으면서도 뒤집힐까 봐 무서워진다. 반대로 바람을 거스를 때는 애쓰는 만큼 속도가 나지 않아서 답답하다. 그럴 때면 그냥 배에서 내리고 싶어질 때도 있다. 커리어를 관리할 때와 비슷하다. 너무 척척 빠르게 진행되면 이래도 되나 싶어 주변을 경계하게 되고, 반대로 아무리 노력해도 눈에 띄는 성과가 보이지 않을 때면 답답해서 포기하고 싶어진다.

세일링에서 방향을 전환하는 데는 크게 두 가지 기술이 필요하다. 태킹과 자이빙이다. 태킹은 사선에서 사선으로 왔다 갔다 하며 조심스럽게 방향을 바꾸는 기술이고, 자이빙은 순간적으로 힘을 줘서 휙 하고 단번에 방향을 바꾸는 기술이다.

배를 원하는 방향으로 잘 이끌려면 이 두 가지 기술이 모두 필요하다. 파도가 잔잔해 조심스럽게 움직여야 할 때도 있지만 갑작스러운 파도에 맞서 과감하게 방향을 틀어야 할 때도 있기 때문이다.

바람은 절대 내 마음대로 움직이지 않는다. 뒤집히지 않고 원하는 방향으로 나아가고 싶다면 힘을 빼고 바람이 부는 대로 움직일 줄 알아야 한다. 힘을 빼는 것이야말로 물살에 따라 바람에 따라 이리저리 움직이는 기술이다.

중요한 것은 속도가 아니라 방향

다른 사람의 시선을 의식하거나 주변의 경쟁에 휘말려서 내 속도를 유지하지 못하고 과도하게 속도를 내면 부작용이 따른다. 첫째, 중간에 지쳐서 뒤처지거나 아예 포기한다. 오히려 결승점까지 도달하는 데 오래 걸리는 것이다. 분야를 막론하고 어디든 적용되는 사실이다. 업무에서는 흔히 이를 번아웃라고 한다.

둘째, 조급한 마음에 속도를 내느라 힘을 쓰면 몸도, 머리도 경직된다. 그러다 보면 시야도 좁아지고 눈앞에 닥친 문제에 매몰되어 판단력도 흐려진다. 힘을 빼야만 보이는 더 좋은 전략을 놓친다.

셋째, 섣불리 주변의 경쟁자들을 자극하거나 적을 만들

수 있다. 경쟁자가 추격할 의지마저 내지 못하도록 압도적인 실력으로 일등을 차지한다면 문제없지만, 실력이 비슷한 선수들과 펼치는 레이스라면 경쟁자만 자극하는 상황이 된다. 경기 중반부까지는 2위 그룹을 유지하면서 선두그룹의 견제를 피하다가 후반부에 치고 나가는 것도 전략이다.

계속되는 경쟁에 지쳤다면 일단 힘을 빼자. 그렇게 물살을 따라, 바람을 따라 이리저리 흘러가다가 바람의 방향이 목표하는 방향과 일치할 때 과감하게 속도를 내면 된다. 내 속도를 믿고 나만의 경기를 펼치는 방법이다.

나에게 더욱 다정할 것

'슈뢰딩거의 고양이'는 물리적 세계의 불확정성을 보여주는 대표적 사고실험이다. 상자를 열어서 확인하기 전까지 그 안에 든 고양이는 절반의 확률로 살아남을 수도, 죽을 수도 있다. 불확정성을 피할 수 없는 이 세계에서 우리는 확률적으로 해석하며 나아간다.

사람의 마음도 마찬가지다. 우주에 비견될 정도로 복잡한 마음의 세계에서 100퍼센트 확실한 건 없다. 계속해서 마음을 들여다보고 그 순간 바라는 쪽으로 선택하며 조금씩 나아갈 뿐이다.

그래서 나는 '오늘의 훌륭함'을 발견하기 위해 노력한다. 내가 무엇을 잘했고 어떤 면에서 성장했는지 장점을 객관적으로 인식하며 스스로 자존감을 높인다. 마음에 긍정의 씨앗을 심어서 선택을 긍정적으로 해석할 힘을 만드는 것이다. 그렇게 마음이 단단해지면 나의 부족한 점 역시 객관적으로 인식할 힘이 생긴다.

지독하게 게으른 나를 칭찬하라

나는 오늘의 훌륭함을 발견하기 위해 매일 아침 운동을 한다. 아침잠이 너무 많아서 일부러 조절하지 않으면 하루의 반을 허비해 버리는데, 아침 운동을 하면 하루를 일찍 시작하게 되어 시간을 번 느낌이 든다. 몸이 가뿐해지는 것은 물론이다. 주로 하이킹을 하거나 경치 좋은 곳에서 산책을 하는데, 게으른 몸뚱이를 일으켜 밖으로 나갔다는 사실만으로도 스스로가 대견해 뿌듯함을 느낀다.

나를 칭찬하는 또 하나의 방법은 청소다. 겉보기에 나

는 항상 활기차고 무엇이든 열심히 하는 것 같지만 실제로는 틈만 나면 침대와 혼연일체가 되는 게으른 사람이다. 일이 없으면 잘 움직이지 않고, 청소와 같이 일상적으로 반복해야 하는 집안일도 귀찮아한다. 집안일을 자동화하기 위해서 180만 원짜리 로봇 청소기, 10만 원짜리 자동 쓰레기통을 샀을 정도다.

그렇게 모든 집안일을 자동화할 수 있다면 좋겠지만 아쉽게도 아직은 80퍼센트 이상 직접 해야 한다. 그래서 청소나 빨래 같은 집안일을 했을 때도 나 자신을 칭찬한다. 지독하게 게으른데도 몸을 일으켜 일상을 관리했다는 사실을 나 스스로 알아주는 것이다. 너저분한 집을 치우며 기분 전환을 하면 하루를 시작하는 원동력도 생긴다.

삶은 언제나 예측 불가니까

우리는 미래를 예측하기 위해 많은 노력을 한다. 회사는 비지니스의 연속성과 성공을 위해 시장 트렌드를 예측하려 애쓰고, 사람들은 보다 나은 삶을 위해 주식, 부동산

등의 자산 트렌드나 커리어 방향성을 예측하려 애쓴다. 하지만 예측대로 되는 것은 거의 없다. 어느 정도 방향은 짐작할 수 있을지 몰라도, 결국 세상은 시시각각으로 변한다. 예측 불가능하다.

나는 삶이 불명확할 때 내가 좀 더 객관적으로 이해할 수 있는 대상에 나를 빗대어 생각해 본다. 자주 떠올리는 대상은 기업이다. 기업에는 최종 목표가 있고 그 목표를 달성하기까지 수많은 중간 목표를 세워 차근차근 이루어 나간다. 처음부터 단번에 달성되지 않는다.

삶의 목표도 마찬가지다. 작은 실패에 무너지지 않고 계속 나아가기 위해 내가 할 수 있는 작은 마일스톤을 세우고 작은 성취와 긍정적 경험을 즐기기 위해 노력한다. 미 해군 대장 윌리엄 맥레이븐의 말처럼 세상을 바꾸는 대단한 일도 침대를 정돈하는 사소한 일에서 시작된다.

물론 마일스톤을 하나씩 달성하며 궁극적인 목표에 다다르는 일은 생각보다 쉽지 않다. 그러려면 나 자신에게 다정해야 한다. 스스로를 칭찬하며 어제보다 더 나아진 나를 삶의 원동력으로 삼지 않으면 해야 할 일로 가득한 삶 속에서 징집 군인처럼 하루하루를 견뎌야 할 것이다.

매 순간 마일스톤에 다다르기 위해 도전하고 실패하고 수정하며 나아가고 있음을, 알아차려 주자. 나를 믿고 칭찬하며 응원해 줄 사람은 결국 나다.

뜻대로 안 되는 삶에 기회가 있다

실리콘밸리에서 박사 생활을 마치고 박사 후 연구원 지원 결과를 기다리던 시절, 꿈에 그리던 서부-동부 횡단 여행을 떠나기 위해 무작정 길을 나섰다. 산호세에서 출발해 조금 외곽으로 나가니 황량한 벌판이 나왔고, 그 벌판과 호수가 어우러진 장관이 펼쳐졌다. 감탄이 절로 나왔다. 역시 출발하기를 잘했다는 생각이 들었다.

뒤이어 광활한 농지가 펼쳐졌다. 바뀐 풍경에 또 한 번 감탄이 터져 나왔다. 탁 트인 시야를 보니 마음이 들떠서 마음껏 속도를 냈다. 세상에서 제일 여유로운 사람이 된 기분이었다. 하지만 그 기분은 얼마 가지 못했다. 농지가 끝없이 이어졌고 고개를 어디로 돌려도 아무것도 없는 허허벌판만 보였다.

오가는 차도 거의 없는 그 길 위에서 7시간을 달렸다. 처음에는 감탄을 자아냈던 그 풍경 속에서 지루함과 싸우며 끝없이 달렸다. 그렇게 피곤함이 극에 달할 무렵, 칠흑 같은 어둠 속에서 오아시스와 같은 화려한 빛이 하나둘 시야에 들어오기 시작했다. 라스베이거스였다. 그 순간에는 도시의 불빛만큼 반가운 것이 없다.

나는 라스베이거스에서 하루를 묵고 다시 애리조나를 거쳐 뉴멕시코로 향했다. 한참을 달려 도착한 산타페는 「알리바바와 40인의 도적」에 나올 것 같은 건물로 가득했다. 흙으로 지어진 네모반듯한 건물들이었다. 풍경을 감상하며 도심으로 이동해 야외 온천을 마음껏 즐겼다. 뜨거운 탕에 들어갔다가 나와서 밖에 차가운 공기를 느끼면서 누워 있으니 더할 나위 없이 행복했다.

그리고 다시 뉴멕시코에서 오클라호마로 이동했다. 온

통 황톳빛이었던 사막 풍경이 녹색 수풀로 바뀌었다. 장관이었다. 하지만 극적인 순간도 잠시, 또 한참을 달려서 애틀랜타로 이동했다.

산호세에서 출발해 하루 10시간씩 총 6일에 걸쳐 이동한 끝에 애틀랜타에 도착했다. 최종 목적지였다. 내가 도착하기만을 기다리고 있던 후배와 친구들이 반갑게 맞아 주었다. 행복했다. 벼르고 벼르던 서부-동부 횡단 여행의 꿈을 이룬 것도, 떠나지 않았다면 몰랐을 멋진 풍경을 발견한 것도, 지루함과 피곤함을 이겨내고 끝내 목적지에 도착한 것도 모두 좋았다.

내 삶의 풍경도 서부-동부 횡단 여행만큼이나 다양하게 바뀌어 왔다. 처음에는 좋았지만 금세 지루해져 그저 벗어나고 싶어졌던 길도 있었고 뜻하지 않은 길에서 발견한 뜻밖의 풍경에 깊은 감동을 느낀 순간도 있었다. 길을 나서지 않았다면 결코 만나지 못했을 풍경들이었다.

우리는 삶의 순간마다 수많은 선택의 기로를 마주한다. 잘못된 결정에 후회하기도 하고 기대를 충족하는 결과에

만족하기도 한다. 실패만 하는 길도, 성공만 하는 길도 없다. 중요한 건 그렇게 도전을 거듭하며 새로운 기회의 사슬을 계속 물고 들어가야 성장한다는 사실이다.

두려움을 이기고 기회를 포착하려면 방법은 하나다. 스티브 잡스의 조언처럼 내면의 소리에 귀 기울이는 것.

"다른 사람의 생각에 맞춰 살지 마라. 다른 사람이 만든 생각의 소음에 내면의 소리가 묻히지 않게 하라. 가장 중요한 것은 나의 마음과 직감을 따르는 용기다. 나의 마음과 직감은 어떻게든 내가 진정으로 되길 원하는 것을 이미 알고 있다. 나머지는 모두 그다음이다."

우리가 흔히 위험 요소라고 생각하는 문제는 치밀한 계산에 따른 결괏값이 아닐 가능성이 크다. 대부분 기존의 관행에서 나온 예전의 결괏값일 뿐이다. 그러니 조금 위험해 보여도 피하지 말자.

당신에게는 언제나 플랜 B가 있다.

뜻대로 안 되는 삶에서 발견한 차선의 전략

플랜 비

초판 1쇄 인쇄 2024년 1월 29일
초판 1쇄 발행 2024년 2월 6일

지은이 연명우
펴낸이 김선식

부사장 김은영
콘텐츠사업본부장 박현미
책임편집 박유아 **디자인** 황정민 **책임마케터** 오서영
콘텐츠사업4팀장 임소연 **콘텐츠사업4팀** 황정민, 박유아, 옥다애, 백지윤
마케팅본부장 권장규 **마케팅1팀** 최혜령, 오서영, 문서희 **채널1팀** 박태준
미디어홍보본부장 정명찬 **브랜드관리팀** 안지혜, 오수미, 김은지, 이소영
뉴미디어팀 김민정, 이지은, 홍수경, 서가을, 문윤정, 이예주
크리에이티브팀 임유나, 박지수, 변승주, 김화정, 장세진, 박장미, 박주현
지식교양팀 이수인, 엄아라, 석찬미, 김혜원, 백지은
편집관리팀 조세현, 김호주, 백설희 **저작권팀** 한승빈, 이슬, 윤제희
재무관리팀 하미선, 윤이경, 김재경, 이보람, 임혜정
인사총무팀 강미숙, 지석배, 김혜진, 황종원
제작관리팀 이소현, 김소영, 김진경, 최완규, 이지우, 박예찬
물류관리팀 김형기, 김선민, 주정훈, 김선진, 한유현, 전태연, 양문현, 이민운

펴낸곳 다산북스 **출판등록** 2005년 12월 23일 제313-2005-00277호
주소 경기도 파주시 회동길 490 다산북스 파주사옥 3층
전화 02-702-1724 **팩스** 02-703-2219 **이메일** dasanbooks@dasanbooks.com
홈페이지 www.dasanbooks.com **블로그** blog.naver.com/dasan_books
용지 아이피피 **인쇄** 상지사 **코팅 및 후가공** 제이오엘앤피 **제본** 상지사

ISBN 979-11-306-4987-0 (03190)

다산북스(DASANBOOKS)는 독자 여러분의 책에 관한 아이디어와 원고 투고를 기쁜 마음으로 기다리고 있습니다.
책 출간을 원하는 아이디어가 있으신 분은 다산북스 홈페이지 '원고투고'란으로 간단한 개요와 취지, 연락처 등을
보내주세요. 머뭇거리지 말고 문을 두드리세요.